수변水邊
의
단상斷想

표지그림은 낚시 벗인 큰나무 강우규가 그린 이하상의 견지낚시 모습이다.

미리내와 하상, 2006년 홍천강 되룡리에서

낚시 50년의 낙수

수변의 단상
水邊 斷想

이하상

목 차

제 2편 여울에서

제 3편 단편소설과 역사 자료

책을 펴내며

세월은 빨리 흐르고, 인생도 바쁘게 흘러만 간다. 2002년 평생 몸담아 온 연구원을 퇴직하면서, 앞으로는 나를 위한 나만의 글을 써보겠다고 속맘으로 다짐한 적이 있다. 그리고 힘이 닿으면 10권 정도의 내 책을 펴냈으면 하는 소망을 품었다.

그 후 10년이 지난 지금 3권의 책을 펴냈을 뿐이다. 속마음에 세운 목표를 채우려면 요원한 세월이 필요할 것 같다. 그래도 힘을 내서 뚜벅이 노릇을 할 수밖에. 이제 4번째 책을 펴내려 한다.

어릴 적부터 낚시를 좋아했다. 올해로 내 나이 70이니 어언 50년 이상의 세월을 수변에서 보낸 것이다. 요즘도 낚시 관련 글을 쓰고 또 낚시역사와 관련된 사료를 찾는 것이 일상이 되고 있다. 2002년에 낚시 수필집인 『호박씨와 적비』를 한정판으로 퇴직기념 삼아 내 놓은 적이 있다. 시간이 흐르다 보니 소일삼아 쓴 낚시 글과 홈페이지에 올린 글이 상당한 분량으로 쌓였다. 먼저 써놓았던 글에서 다시 추리고, 새 글을 손보아서 한 권의 책으로 묶어 보고자 한다.

이 책의 제1편 '호수에서'는 내 낚시인생 전반전인 붕어낚시에 관한 글이다. 제2편 '여울에서'는 낚시인생 후반전인 견지낚시에 관한 글이다. 그리고 제3편은 몇 편의 단편소설과 역사자료로 묶어 보았다.

이 책은 한 사람이 낚시꾼으로 살며 보고 느낀 글들이다. 모두가 내 삶의 편린이요 흔적이다. 낚시꾼의 비린내 나는 푸념이 책을 읽는 사람에게 어찌 비칠까 걱정되기도 하지만 '낚시꾼이어서 그러려니' 해주시기 바랄 뿐이다.

2013년 6월 낚시꾼 이하상 씀

제1편

호수에서

1. 낚시와의 만남

어려서부터 낚시를 좋아해 쉰이 넘어 예순이 다 되가는 오늘까지 이른다. 남들이 조력을 물으면 삼십 년이라고 하고, 영 허풍을 떨 때면 40년이라고도 하지만 정확한 햇수는 잘 기억나지 않는다.

기억에 남는 것은 초등학교 삼, 사학년 무렵 닭장 철망을 잘라 낚싯바늘을 만들고, 비료 포대에서 뜯은 실을 댓가지에 묶어 소류지에서 붕어를 잡은 것이다. 조그만 볼트를 봉으로 매달고, 찌는 수수깡 토막을 단 그 어설픈 낚시로도 가끔씩 조그만 붕어를 낚아 올렸다.

그 시절 주로 '보매기'에서 낚시를 했다. 보매기는 고향 삼바지(京畿道 金浦郡 黔丹面 麻田里)에서 못자리 용수원으로 쓰던 육백 평 남짓한 조그만 소류지였다. 그렇지만 김포 서부에서도 산골 천수답 지역이었던 삼바지 인근에서는 유일한 저수지였고, 못자리에 물을 대고 모내기가 끝난 후에는 논에 물을 대었다. 규모가 워낙 작아서 가뭄이 심한 해에는 못자리에도 물이 부족하곤 하였다. 그래도 가뭄이 든 해에 제때에 모를 내는 집은 보매기를 가지고 있던 우리 집뿐이었다.

보매기는 시골집 뒤 골짜기인 '웃골'에서 내려오는 논물과 빗물을 모아 놓아 일 년 내내 뿌연 황토 빛 흙탕물이었다. 그래도 변변한 강과 하천도 없는 산골인지라 어린 또래들의 신나는 놀이터였다. 가장 깊은 데라야 겨우 목까지 닿는 보에서 고추를 내놓은 채 멱을 감았고, 어설픈 개헤엄을 배운 곳도 그곳이었다. 멱을 감고 나면 머리에 노란 흙물이 올랐지만 마냥 즐겁기만 했다.

한여름이면 풀섶에 쌍붙은 왕잠자리를 잡느라고 발가벗은 채 물속에서 까치발로 쫓아다녔다. 암놈 잠자리를 잡아 허리에 실을 매어 날리면 수놈이 쫓아와 쌍붙어 쉽게 잡혔다. 암놈 한 마리만 있으면 수놈 십여 마리는 잡을 수 있었다. 암놈은 허리가 연두색이고 수놈은 초록색이다. 요즘도 왕잠자리가 호숫가에서 날개를 푸르릉대며 날아다니는 것을 보면 새삼 그때가 그립다.

제대로 된 낚싯대를 가지고 낚시를 하게 된 것은 중학교 2학년 무렵이었다. 평소에 별다른 취미가 없으시던 아버님께서 낚시를 가신다고 했다. 낚시 준비는 아버님 친구 분이 하신단다. 아버님을 졸라 따라나선 것이 낚시와의 본격적인 만남이었다. 아버님 친구인 조 회장님과 같이 처음 간 곳이 금촌 수로였다.

아침 느지감치 떠난 길이 수로에 도착하니 해가 한 발이나 떴다. 조 회장이 아버님께 준 낚시 도구는 낚싯대 두 대와 받침대, 살림망, 도구 상자, 의자 등 완전한 일습이었다. 조회장은 낚싯대 네 대를 부챗살처럼 펴놓고, 아버님이 긴 두 칸 반 대 그리고 내가 두 칸 대를 폈다.

보매기에서 하던 식으로 지렁이를 미끼로 잔 붕어를 대여섯 마리 낚아 올렸다. 오후 서너 시, 낚시를 거둘 때까지 아버님은 한 마리도 낚지 못했고, 조 회장 일행 두 분의 조과도 한두 마리에 불과하였다. 어린 마음에 의기양양한 마음이 들 수밖에. 보매기에서 닦은 솜씨가 역시 통하는구나….

나중에 생각하니 그날 어른들은 낚시에 큰 관심이 없었던 것 같다. 아버님은 애당초 낚시는커녕 야외에 나오는 것조차 번거로워 하시던 분이었고, 조 회장은 베테랑 꾼이었지만 조황에는 관심을 둘 상황이 아니었다. 조 회장은 회사의 직함이 회장이 아니라 모 낚시회의 회장이란 얘기이고, 어떤 업체를 가지신 분으로 관직에 계셨던 아버지에게 이른바 사교를 하는 중이었다. 그러니 애시당초 조황 자체가 어른들에게는 큰 의미가 없었던 것이다. 그날 일심 정력으로 낚시에 매달린 사람은 어린 나 하나였다.

아버지를 따라 그 뒤로도 두어 번 더 낚시를 갔었다. 그때 흔치 않았던 검은색 승용차 두 대를 몰고 포천, 동두천, 고양 일대를 돌아다녔고, 붕어보다는 농가에서 토종닭을 잡는 것이 주 행사였다. 조 회장의 낚시는 모양뿐이었고, 아버지는 아예 대를 펼 생각조차 않으셨다. 오로지 낚시에 열중한 사람은 나뿐이었다. 혼자 두 칸, 두 칸 반 두 대를 버텨 놓고 어설픈 솜씨로 온종일 낚시에 몰입하였다.

그 뒤 아버님은 낚시를 다니지 않으셨고 낚시 도구는 당연히 그리고 자연스레 내 차지가 되었다. 그 후 나 혼자 낚싯대를 메고 혼자 금촌 수로를 비롯하여 근교 낚시터를 찾아다녔다. 1957년경, 낚시꾼이 흔치 않았던 시절 나 같은 어린 꾼은 드문 존재였다. 시골 노인들이 "어린 학생이 낚시를 다 하나." 하고 칭찬삼아 말할 때 어린 마음에 으쓱하기도 하였다.

혼자 새벽기차로 금촌역까지 가서 금촌 수로까지 한 시간여를 허위허위 걸어가서 점심도 거른 채 석양녘까지 낚시를 하다 고달프게 돌아왔다. 어린 나를 혼자서 저수지로, 수로로 쫓아다니게 만들었던 열정은 무엇이었을까?

지금도 궁금하고, 한편으론 웃음이 나온다.

이 글은 1950년대 후반의 이야기이고, 2000년경에 썼다.

부벽루연회도 부분

2. 또 다른 낚시, 갯벌에서

삼바지에서 서쪽 산을 넘어 4킬로미터쯤 걸어가면 갯벌이 나온다. 지금은 간척이 되어 수도권 쓰레기 매립장이 되어 버린 곳이다. 그렇지만 옛날에는 포구가 있어 인천으로 뱃길이 닿던 곳이다. 인천으로 가는 신작로가 넓게 뚫리기 전에는 인천이 친정이신 어머님께서는 이곳 안동포(安東浦)에서 배를 타고 친정 나들이를 하셨단다.

내가 처음 갯벌에 가 보았을 때는 포구는 쇠락해서 배는 거의 없었고 널따란 갯벌만이 펼쳐져 있었다. 그리고 갯바닥에는 나문재라는 풀만이 파랗게 나 있었다. 그리고 바다와 잇닿은 곳에는 염전이 있었다.

갯벌을 논과 같이 네모로 구획을 만들어 소금을 굽고 있고, 둑에는 콜탈을 칠한 소금 창고가 세워져 있었다. 간수를 퍼 올리는 수차, 소금을 밀개로 모으고 있는 삿갓을 쓴 염부, 하얀 소금 더미, 모든 것이 생소하고 눈에 설었다.

육이오 전쟁이 끝나고 얼마 안 되었던 삼바지에서는 모든 것이 부족했다. 동네 아낙네들과 젊은 처자들은 갯벌에 가서 게를 잡고 나문재를 뜯어 반찬을 하거나 장에 내다 팔기도 하였다. 나무재(우리 고향에서는 나문재를 그리 부른다)는 한여름이 지나면 크게 자라 억세어지고 색깔이 붉게 변하지만 봄에는 연두색으로 연하다. 나무재를 초고추장에 무쳐 나물로 먹으면 매우 향긋하고 새콤한 것이 풍미가 있다.

초등학교 오학년 무렵 이웃에 사는 광식이와 함께 나물을 뜯으러 가는 아낙네들을 따라서 게를 잡으러 거뤄리(巨月里)에 간 것이 처음 갯벌에 간 것으로 기억된다.

나무재는 손으로 뜯거나 알루미늄 도시락으로 훑어 모았다. 그리고 게는 일일이 개펄에 나 있는 게구멍에 손을 넣어 잡았다. 갯벌에 사람이 가면 개흙 위를 새까맣게 돌아다니던 게는 순식간에 제 굴로 숨어 버린다. 게가 숨은 구멍으로 손을 넣으면 게가 잡힌다. 깊은 것은 팔뚝까지 손이 들어가야 한다. 어떤 때는 게한테 물리기도 한다. 참 게가 많기도 했고, 또 여러 가지 게가 있었다. 조그맣고 색깔이 요란한 무당게, 회색빛의 방게, 집게발이 유난히 큰 농발이 등의 이름이 아직도 기억에 남아 있다.

게 구멍을 좇아 갯벌을 돌아다니노라면 발이 푹푹 무릎까지 빠진다. 깊은 곳은 무릎을 넘어 사추리까지 빠진다. 무릎까지 빠지던 발이 쑥 갈아 앉는다. 수렁이다. 수렁은 밑바닥이 없이 깊어 소도 빠지면 나올 수 없다는데……. 발을 빼려고 애쓰면 애쓸수록 구렁에 더 깊이 빠지게 된다. 한 발을 억지로 빼면 다른 발이 더 깊이 빠진다. 그러다 보면 사타구니까지 빠진다.

꼼짝할 수 없이 되어 가만히 숨죽이고 서 있다. 그러다가 살살 발을 움직여 보면 조금씩 발을 뺄 수가 있다. 긴 한숨을 쉬며 단단한 곳으로 빠져 나온다. 빠져 나오느라 비비적댄 갯벌구멍이 넓어져 있다. 그리 깊지도 않다. 어린 또래들이 허풍을 떨고 서로 겁을 주던 수렁은 실제 그리 깊지도 않았고, 사람이 빠져 죽을 만한 수렁도 없었다. 또 수렁이 겁이 나서 갯벌을 못 돌아다니는 애들도 없었다. 그렇지만 수렁에 빠지면 어찌나 겁이 나던지…….

갯벌에 처음 가서 뜯어 온 나무재는 그 날 저녁에 식초에 무쳐 맛있게 먹었다. 동네 아낙네들은 개흙이 묻어 있는 나무재를 깨끗이 씻어 비지처럼 뭉쳐서 장에 내다 팔았다. 그리고 게도 장에 가서 됫박으로 팔아 장을 보았다. 하루 종일 뙤약볕에 탄 얼굴은 화끈거렸고 얼마나 피곤하던지. 그리고 하루 종일 개흙에서 뭉갰던 입성은 얼마나 험했던지.

그 후로도 안동포, 거뤄리 갯벌에는 수없이 다녔다. 그렇지만 언제부터인가는 더는 나무재를 뜯거나, 게를 잡으러 가지 않고 망둥이 낚시를 다녔다. 김포읍 장에 가는 어머니에게 낚싯바늘을 사달래서 비료 포대실로 줄을 하고, 긴 싸릿대에 달아 낚시를 했다. 봉돌은 쇠 볼트로 하고, 찌는 수숫대 토막을 실에 묶어 달고. 낚싯줄로 고래 힘줄이라는 것이 있는 줄은 알고 있었지만, 망둥이를 잡는 데는 질긴 '푸대 실'로도 충분했다. 또 파는 납 봉돌이 있었지만 조그만 볼트로도 충분했다. 돌바닥에 걸려 봉이 떨어지면 조그만 돌을 달아도 충분했으니까.

갯가에 흔해 빠진 것이 망둥이어서 엄청난 도구도 필요 없었다. 미끼만 달아 물속에 넣기만 하면 망둥이는 걸리게 되어 있었다.

망둥이 낚시는 염전 저수지에서 했다. 염전에는 항시 소금을 굽기 위해서 바다와 통하는 곳에 둑을 쌓고 바닷물을 잡아 가두고 있었다.

저수지에는 망둥이들이 우글우글했다. 뚝 넘어 바다에서도 망둥이는 잡혔지만 물때를 맞추기가 어려웠고, 조황도 저수지만 못했다. 망둥이는 봄에는 작지만 한여름이면 15~20센티미터 정도로 자란다. 그리고 늦가을이 되면 30센티미터 가까이까지 자란다. 그렇지만 가을 망둥이는 잘 잡히지 않았고 수심이 깊은 곳에서만 놀아 우리의 싸릿대 낚시로는 잡기도 어려웠다. 우리에게 망둥이 낚시 철은 역시 한여름이었다.

여름방학이 되어 시골에 모인 내 또래들은 한 떼가 되어 이른 아침 갯벌로 떠난다. 도시락을 들고, 싸릿대 낚싯대를 하나씩 메고. 나, 광식이, 종일이, 관호, 종민이가 일당이다. 혹간 손아래 동생들이 쫓아 나서기도 했다. 논틀밭틀 오솔길을 밤새 내린 이슬로 바지자락을 적셔 가면서 산 고개를 넘으면 바다가 보인다. 신이 나서 노래를 부르며, 희희덕대며 내리막을 달리면 바다에 닿는다.

갯벌에 도착하면 우선 미끼인 갯지렁이를 잡아야 한다. 모두 바지를 걷고 갯고랑으로 들어가서 갯지렁이를 잡는다. 바닷물이 빠진 갯골 경사를 손으로 까 내리면 갯지렁이 굴이 나온다. 그러다 보면 갯지렁이가 굴속으로 스르륵 미끄러지듯 도망간다. 얼른 손바닥을 세워 지렁이가 숨는 굴 앞부분에 꽂아 도망 길을 차단하고 잡아 다닌다.

갯지렁이를 잡아 다니면 스르륵 끌려 나온다. 깊이 숨어들어 간

긴 놈은 잘려서 반 토막만 잡힌다. 개흙이 묻은 채 가지고 간 깡통에 갯지렁이를 담는다. 깡통이 없는 친구는 검정 고무신에 지렁이를 담아 놓는다. 갯지렁이는 말이 지렁이지 생긴 것이 지네나 노래기를 닮아 우주 흉물스럽다. 그리고 긴 것은 사오십 센티미터가 넘고, 주둥이에 난 두 개의 이빨이 흉측하다.

그 땐 고기 잡을 생각에 갯지렁이가 징그러운 줄도 몰랐다. 나중에 큰 갯지렁이가 물속에서 헤엄쳐 가고 있는 것을 보고 놀란 적이 있다. 긴 몸통 양편에 난 수없이 많은 발을 흐느적거리고, 등을 시퍼런 인광(燐光)으로 번쩍이며 긴 몸을 꿈틀대는 모습은 자못 그로테스크하기조차 하였다.

마침 밀물이 들어 갯고랑으로 들어갈 수 없으면 물이 들지 않는 마른 갯바닥에서 놀면서 썰물을 기다린다. 마른 갯바닥은 편편한 것이 놀기도 좋다. 단단해서 뛰어도 발자국도 나지 않는다. 축구장 같다. 맨발로 달리기도 하고, 넓이 뛰기도 한다. 그리고 내 말이 맞느니, 네 말이 맞느니 서로 다투기도 한다. 여기에 비행기가 내릴 수 있나 없나를 가지고.

이럭저럭 미끼가 장만되면 낚시가 시작된다. 미끼를 끼어 던지면 곧 입질이 온다. 툭 채어 올리면 망둥이가 발밑에 떨어진다. 그리고 계속 입질은 오고 망둥이는 자꾸 잡히고. 망둥이는 잡히는 대로 푸대실에 꿰어 물속에 담가 둔다. 고기가 도망가지 못하게 밑에는 나무토막을 매고, 위쪽에는 고기를 꿰기 좋게 못이나, 끝을 뾰족하게 깍은 조그만 막대기를 달아 놓는다. 꿰미를 물에 담가 놓을 때면 못은 발밑에 꽂아 놓는다.

인천 사람들의 망둥이 바늘 묶는 방식은 봉 양편으로 바늘을 두 개 묶는다. 그렇지만 나는 내 나름대로 터득한 방식으로 봉 위로 십 센티미터 간격으로 바늘을 네 개씩 매었다. 또 인천 식은 찌를 쓰지 않는다. 초리가 움직이거나, 실이 흐르는 것을 보아도 입질을 알 수 있기 때문이다. 그렇지만 나는 어설픈 수숫대 찌나마 찌낚시를 고집했다. 우리가 가진 싸릿대로는 초리의 감각을 느끼기 어려웠고 찌낚시가 한번에 여러 마리를 잡는 데 유리했기 때문이었다.

징그러운 갯지렁이를 토막을 내어 바늘에 꿰고 찌는 적당히 물에 뜨는 정도로 맞추어 낚시를 던진다. 잠시 기다리면 찌가 한들한들 흐르는 감이 느껴진다. 툭 채면 망둥이가 달려 올라온다. 그렇지만 입질이 온다고 바로 챔질을 하는 것은 성급한 사람이나 초보자가 하는 짓이다. 잠시 더 기다리면 툭툭 입질이 또 온다. 그때 낚시를 채면 망둥이가 두세 마리 달려 있다. 어떤 때는 네 마리까지 바늘 수대로 잡힌다. 망둥이는 한번 입질을 하면 미끼를 잘 뱉지도 않고, 또 멀리 도망가지도 않기 때문이다. 입질이 오는 대로 잡다 보면 어느새 꿰미가 두둑해진다. 망둥이가 잡히는 대로 아가미에서 입으로 꿰미질을 한다. 바쁠 때는 꿰미에 고기를 꿸 여유가 없어 발밑에 망둥이가 서너 마리 푸덕거리게 된다. 아침나절에는 입질이 제법 바쁘다.

오후 서너 시가 넘어 해가 기울기 시작하면 입질도 뜸해지고 지치기 시작한다. 꿰미를 쳐들어 본다. 제법 묵직하다. 많이 잡히는 날에는 꿰미를 높이 쳐들어도 땅에 끌린다. 배도 고프고 몸도 지쳤지만 마음은 푸근하다. 주섬주섬 채비를 거두어 집으로 돌아온다.

낚시를 가는 날 점심을 싸 가지고 가기는 한다. 조그만 함지에 밥을 담고 짠지와 고추장 종지를 밥에 박아 삼베 보자기에 싸서 들고 나선다. 여러 친구와 둘러앉아 점심을 먹노라면 반찬이 없어도 꿀맛이다. 뙤약볕에 앉아 햇볕에 뜨뜻해진 밥을 목메는 줄도 모르고 먹어 치운다.

한낮이 되어 해가 높직이 뜨면 뜨거워지고, 온몸이 땀으로 젖는다. 무덥기도 하고 목도 마르다. 나무 한 그루 없는 갯바닥은 뜨겁기만 하고, 우물이 있는 마을은 멀다. 요즘과 같이 음료수를 사 먹을 수 있는 매점, 아니 가게가 있을 리도 없다. 매번 다녀서 잘 알련만 누구도 물 준비는 해 오지 않았다. 수통은 없지만 병에다 물을 떠오면 되었을 텐데…….

햇볕에 얼굴이 빨갛게 익고 목이 말라 타들어 와도 망둥이는 계속 잡힌다. 누구도 돌아가자는 말은 꺼내지 않는다. 해가 기울고 입질이 뜸해져야 집으로 돌아갈 생각이 든다. 낚싯대를 감아들고 저마다 꿰미를 손에 들고 조과를 자랑한다. 밥함지는 깨끗이 비워 가벼워졌지만 대신 비린내 나는 망둥이가 한 꿰미씩 들려 있다.

갯가에서 삼바지까지는 한 시간 남짓 걸어가야 한다. 아침나절의 가볍던 기분은 어디 가고 몸이 나른하고 무겁기만 하다. 갯가를 떠나 거뤄리 마을 앞길을 지날 때면 참외 막을 기웃거린다. 혹시 참외 막에 창순이 형님이 계신가, 기대하면서. 창순 씨는 거뤄리에 사는 친척 형님뻘 되는 분이다. 창순이 형님은 그 무렵 나이는 마흔을 갓 넘긴 분이지만 수염을 길게 길러 할아버지 같았다. 약주를 좋아해서 얼굴이 벌겋게 주독이 올라 있고 자다 깨어서는 숭늉 대신에 막걸리를 마신다는 분이다. 가문 대소사에 열심이셔서 삼바지 제사 참례에도 빠지는 일이 없다.

형님이 참외 막에 있으면

"서울 동상 낚시 왔는가."

하며 또, 종일이, 종민이를 보면

"아저씨들 낚시 오셨소."

하며 개똥참외라도 내놓을 것이다. 그렇지만 오늘은 참외 막에 형님이 안 계신 모양이다. 목이 마른 채 거뤄리 긴 고개를 넘어 집으로 돌아갈 수밖에. 매번 지나다니며 눈여겨보던 길갓집 개복숭아 때문에 입안에 신 침이 돈다. 고개에 올라서면 삼바지가 멀리 내려다보인다.

아침나절 한 달음에 왔던 길이 멀게만 느껴진다. 집에 오면 할머니께서는,

"아이고 뙤약볕에 이까짓 걸 잡으려고."

하시며 대견해 하신다. 그런 날 저녁에는 망둥이 조림이 밥상에 오르게 마련이다. 어린 내가 물고기를 잡아온 것도 대견했지만 반찬이 귀했던 시절 찬감인 망둥이도 반가웠을지도 모른다.

중학교 다닐 때까지 여름이면 그토록 다니던 망둥이낚시도 고등학교에 가면서 뜸하게 되었다. 머리가 굵어지면서 개흙을 묻히는 망둥이낚시가 멋쩍어졌고, 붕어낚시에 재미를 들이면서 시시

하게 느껴졌기 때문이었다. 마지막으로 갯벌에 간 것은 1969년 가을이었다. 추석에 삼바지에서 불알친구인 광식을 맞나 안동포를 찾았다. 붕어 채비는 했지만 낚시보다는 어릴 적에 놀러 다니던 갯벌이 어떻게 변했는지 궁금해서였다.

참으로 오랜만에 찾은 개펄이지만 생각 밖으로 큰 변화는 없었다. 갯바닥을 기어 다니는 게, 가을이 되어 빨갛게 영근 나무재, 물 빠진 갯바닥을 뛰어다니는 갯망댕이. 다만 염전은 소금을 굽지 않는지 콜탈로 새까맣게 칠했던 소금 창고는 퇴락해서 잿빛을 띤 채 문도 떨어졌고, 소금을 나르던 외륜차 길엔 잡초가 무성했다.

소문으로는 이곳에 둑을 막아 논을 만든다고 한다. 수로에 가서 지렁이 미끼로 낚시를 던지니 슬금슬금 찌가 물속으로 가라앉는다. 채어 보니 뚱싯대며 큰 망둥이가 끌려 나온다. 한 자나 거의 되는 명태만한 놈이다. 어릴 적 잔챙이를 잡으며 말로만 벼르던 가을 망댕이다. 두어 마리 더 잡혔지만 잡히는 것마다 작은 붕어 바늘을 꿀꺽 삼켜 빼느라 애를 먹었다.

그 후 고향 삼바지에 많은 변화가 일어났다. 공장이 생기고 주민도 늘어나 옛날의 경기도 벽촌이 아니라 도시가 되었다. 어릴 적 친구들도 거의 고향을 떠나 이제는 명절 때나 얼굴을 볼 수 있게 되었다. 그리고 세월의 흐름에 젖어 예순을 바라보는 나이가 되었다. 안동포 갯가에는 더 큰 변화가 일어났다. 동아건설에서 방조제를 막아 대단위 간척지가 조성되어 논을 만든다고 하더니, 수도권 쓰레기 매립장으로 바뀌었다. 난지도 대신 서울에서 나오는 쓰레기의 처리장이 된 것이다.

이제는 서울에서 거뤄리까지 쓰레기 운반을 위한 4차선 도로가 고속도로처럼 휑하니 뚫렸다. 매립지 길로 고향에 가다가 길을 잘못 들어 매립장까지 간 적이 있다. 노란 모자를 쓰고 완장을 찬 사람이 길을 막는다. 쓰레기 매립장 경비원이었다. 저 넘어가 거뤄릴 텐데…, 쓴웃음을 지으며 뒤돌아섰다.

쓰레기 매립장이 들어서기까지는 주민의 반대가 무척 심했다고 한다. 그렇지만 어쨌든 쓰레기 매립장은 들어서 버렸고 몇 년 안에 난지도보다 더 큰 쓰레기 산이 생길 것이다. 그 넓던 개펄이 이제는 도시화, 산업화의 찌꺼기를 메우는 공간으로 변한 것이다. 쓰레기가 덮이기 시작한 그곳 안동포, 거뤄리 갯가에 아직도 게들이 기어 다니고 있는지, 또 나문재가 빨갛게 영글고 있는지 궁금하다.

머지않아 쓰레기로 뒤덮일 그곳에 어릴 적의 추억도 같이 묻어버리는 기분이 든다. 그곳이 앞으로 어떻게 변할 것인지. 아마도 다시는 그곳에 갈 수도 없고, 또 가지도 않을 것이다. 밀물이 들면 바닷물이 빠지기를 기다리며 뛰어 놀던 마른 갯바닥. 그 단단하면서도 부드럽고, 뽀송뽀송하던 감촉은 잊을 수 없을 것이다. 그 바다에 다시 가도 이제는 밀물이 들 때 꽥꽥거리며 갯바닥을 뛰어다니는 갯망댕이의 울음소리를 들을 수 없을 것이다.

내 고향은 경기도 김포군 검단면 마전리(麻田里)이고 지금은 인천시 서구 마전동이다. 고향 마을에서 가까운 갯벌은 지금 김포 수도권 쓰레기 매립지가 되었다. 2000년경에 쓴 글이다.

1979년 여름, 안성 금광저수지에서

3. 대학 시절

고등학교 고학년이 되면서 대학 입시 준비로 낚시는 동면에 들어갔다. 1963년 봄, 대학 입학시험에서 보기 좋게 낙방을 했다. 실력에 부친 학교를 지망하긴 했지만 낙방이라는 고배는 허망하기만 했다. 재수를 하기로 했다. 아버지의 일본식 표현을 빌리면 낭인(浪人) 생활을 하게 된 것이다.

봄이 되자 학관에도 다니고 독서실에도 다니면서 입시 준비를 했다. 그러나 여름이 되면서 슬슬 꾀가 나기 시작했다. 집에는 심기일전을 위해 삼바지에 간다고 선포한 후 책 보따리를 꾸렸다. 그리고 떠나는 길에 식구들 몰래 낚싯대를 책 보따리에 꿍쳐 넣었다. 그러나 시골에서 공부를 한다는 것은 실상 자기 속임에 불과했다. 끈질기지도 못하고 게을러빠진 내가 혼자 시골에서 공부한다는 것은 무리였다. 게다가 철저한 야행성(夜行性)인 내가 전깃불도 없는 삼바지에서 입시 공부를 한다는 것도 애당초부터 무리였다.

처음 며칠은 희미한 호롱불 아래 참고서를 뒤적거렸지만 역시 무리였다. 대학교를 번듯이 들어가지 못한 것이 우선 부모님에게 민망스러웠다. 일가친척, 친지의 격려도 부담스러웠고 대학에 입학한 친구도 만나기 싫었다. 그래서 시골로 온 것뿐이었다. 며칠

이 지나자 낚시의 유혹이 찾아왔다. 입시 공부 보따리에 달려 온 낚싯대는 당연히 할 마음이 있어 가져온 것이 아닌가.

낚싯대를 메고 어릴 적에 다니던 안동포 갯가의 담수호를 찾은 것은 자연스러운 귀결이었다. 낚시꾼이 별로 찾지 않는 갯가 저수지에는 붕어가 많이도 있었다. 그리고 까탈도 않고 찌를 주욱쭈욱 올려 주었다. 미끼는 식물성 떡밥보다 지렁이나 새우가 잘 먹혔다. 지렁이를 구할 수 없어 갯가에 가면 우선 아랫도리를 벗고 반두를 들고 갈대밭 가를 훑어 잔 새우를 두어 종발 잡는 것에서 낚시는 시작된다.

할머니가 일꾼들 주려고 두었던 것에서 슬쩍 들고 나온 쓰디쓴 진달래 담배 한 가치를 물고 낚시를 던져 놓으면 굵은 갯붕어가 잘도 잡혔다. 많이 잡힐 때는 집에 와서 쏟아보면 큰 놋대야에 수북할 정도였다. 그늘조차 없는 갯가에서 한 마리 한 마리 붕어를 잡다 보면 어느덧 해가 저문다. 배고프고, 목말라 지친 몸을 끌고 큰 고개를 넘어 삼바지로 돌아오려면 먹지도 않을 붕어는 무겁기만 했다.

한여름을 이삼일 거리로 낚시를 다니며 공부는 하는 둥 마는 둥이었다. 한번 갯가에 가면 낚시에 정신이 팔려 해 지는 줄도 모르게 된다. 해가 서편 야산에 걸려도 한 마리만 더, 한 마리만 더 하다 어두워져 찌가 안보이게 되어 겨우 낚시 보따리를 챙겨 일어서면 주위는 까맣게 어두워진다. 어둠이 깔린 갯들을 지나 산으로 접어든 다음에는 논틀길을 지나야 한다. 이슬이 축축한 논둑길을 바삐 걷노라면 익히 다니던 길이건만 무섬증이 난다. '아침결에 보니 뱀이 많던데' 하고.

그럴수록 맘은 초조해지고 발길은 바빠진다. 아침결에 기대에 넘쳐 온 길이지만 돌아갈 생각은 바쁘기만 하다. 한번은 정말로 혼이 나간 적이 있다. 캄캄한 논길을 바삐 걷는데 무엇이 발목을 후루룩 감는 것이 아닌가. '뱀이다', 마음은 활딱 졸아들고 등에 소름이 쭉 섰다. 죽은 듯 꼼짝 못 하고 서서 한참 기다려도 아무 기척이 없다. 무엇이 발목을 감았는데.

간신히 눈을 돌려 가만히 내려다보니 발목에 무엇인지 감겨 있는 것이 어둠 속에서 보인다. 허나 움직이는 기척은 없다. 자세히 보니 소코뚜레로 쓰던 둥그렇게 말린 새끼 토막이 우연히도 발에 걸려 살아 있는 것처럼 발목을 감은 것이었다. 우연한 사건이었다. 식은땀을 닦고 언덕길을 재촉했지만 뒤꼭지에 매달린 으스스한 그 기분을 잊을 수는 없다.

어쨌든 1963년 여름은 빨리도 지나갔다. 가을이 되어 서늘한 바람이 부니 정신이 번쩍 들었다. 부랴부랴 보따리를 싸서 서울로 돌아왔다. 어찌어찌 그 해 가을과 겨울 신고의 결과로 1964년 봄에는 서울대학교 농과대학 농학과에 입학하게 되었다. 수원에 있는 학교 기숙사에 가지고 간 책, 이부자리 등속의 짐에는 당연히 낚싯대도 포함되어 있었다. 그래서 학부 4년, 대학원 2년간의 수원에서의 낚시 생활은 시작되었다.

대학 시절 자주 간 낚시터는 수원 근교의 신갈, 원천, 고잔이었다. 그 중에서도 고잔저수지와 고잔수로를 가장 자주 다녔다. 학생 신분에 멀리 다닐 여유도 없었지만 그곳이 어릴 적에 망둥이를 잡던 김포 바닷가와 비슷한 갯내 나는 풍경이 왠지 마음이 끌

렸기 때문이었다.

고잔저수지를 처음 찾은 것은 학교에 입학한 해인 1964년 6월 6일이었다. 아직도 날짜를 잊지 않는 것은 그 날이 마침 현충일이라 휴일인 때문이었다. 5일 저녁 서둔동에 있던 당구장에서 선배들이 고잔이란 곳으로 낚시를 간다는 정보를 듣고 따라나서기로 한 것이다. 그러나 6일 아침 새벽 기차를 타려고 수원역에 가니, 선배들은 한 사람도 없지 않은가. 이왕 나선 길이니 말로만 들은 고잔저수지로 혼자 가게 된 것이다.

어두컴컴한 수원역에서 수인선 기차를 타니 기차 또한 희한한 모습이 아닌가. 말로만 듣던 협궤철도 미니 기차였다. 게다가 화통차인데 보통 타던 기차의 마치 축소형으로 어린이 놀이터에서 타는 장난감 기차처럼 보였다.

기차 좌석은 쿠션도 없는 나무 의자이며 좌석과 좌석 사이가 좁아서 앞자리 사람과 무릎이 닿을 정도였다. 어슴푸레한 어둠 속을 기차는 매캐한 석탄 냄새를 풍기며 달리기 시작했다. 달칵거리며 달리기는 하지만 그 속도도 미니기차답게 슬로모션이었다. 차에 타는 승객들은 대부분 인천에 가서 생선을 받아다 파는 아주머니들인지 빈 함지박을 하나씩 가지고 있었다. 빈 함지박에서 비릿한 생선 냄새를 내고 있어 안 사실이다.

어쨌든 기차역을 세어가며 가노라니 한 시간여 만에 고잔이라는 곳에 도착했다. 당시 고잔역은 비릿한 갯내음 나는 황량한 들에 있고, 주위에는 판잣집 가게들이 몇 채 있을 뿐이었다. 길을 물어 저수지에 도착해서 낚시를 했다. 낚시를 담그자마자 뼘치 붕어가 달리지 않는가. 혼자 심심한 줄도 모르고 황혼녘까지 점심도 거른 채 낚시에 열중했다. 말로만 듣던 고잔저수지로의 첫 조행은 뿌듯하기만 했다. 돌아오는 길에는 객차에 타지 않고 빈 화물칸에 낚시 의자를 놓고 앉아 석양녘의 풍경을 보며 돌아왔다. '삑' 하고 외치는 기적 소리는 디젤 기관차에 익숙한 나에게 절로 미소가 나오게 하고, 바람에 날리는 석탄 연기와 냄새는 매캐하였다. 그리고 바람에 날리는 석탄 가루가 뺨을 따갑게 했다. 나지막한 구릉에 걸린 석양은 솔밭 위를 붉게 비추고, 솔밭 사이의 어두운 음영은 어찌나 가슴에 와 닿던지. 석양의 풍경에 취해서 화차에서 나는 생선 냄새인지 무엇인지, 야릇한 냄새에도 불구하고 멍하니 서쪽 산을 바라보며 수원으로 돌아 왔다.

그 후로도 시간만 나면 고잔을 계속 다녔다. 수원-고색-어천-야목-일리-사리-고잔, 낚시터로 가는 수인선의 기차역 이름은 40여 년이 지난 지금도 선연히 기억하고 있다. 어천에서부터 고잔까지는 역마다 가까운 곳에 낚시터가 있고, 고잔을 지나 도창에도 낚시터는 있었다. 그러나 미련스럽게 고잔행만 고집하며, 장난감 같은 협궤열차에 몸을 실었다.

수인선 기차는 출퇴근 시간이면 수원으로 오는 직장인, 학생들이 많았고, 새벽이면 인천 방면으로 생선을 사러 가는 행상들이 많았다. 비린내 나는 빈 함지박을 가지고 새벽에 갯가에 가서 생선을 사 가지고, 수원 근교의 농촌에 다니면서 곡식과 바꾸는 여인네 행상들이었다. 신통한 것도 아닌 찌스러기 생선을 어찌 파는지 궁금할 정도였다. 장날이면 수원으로 나들이 가는 농민들이 객차를 채우고 워낙 폭이 좁은 찻간이라 나무 의자는 두 사람이 앉기에도 비좁았고, 앞사람의 무릎이 닿을 정도였다. 구석에 앉아 생선 행상 아주먼네들의 수다와 농사꾼들이 주고받는 대화를 듣노라면 슬며시 웃음이 나기도 했다. 막걸리에 붉어진 장꾼들의 얼굴, 그리고 구지레한 입성에서 나는 사람의 체취.

기차는 달칵거리며 천천히 달렸고 언덕에서는 안쓰럽게 헛기운을 썼다. 정말 긴 언덕길에서는 영화에서처럼 살짝 뛰어 내려도 될 정도였다. 이 느림보 기차를 두고 수원에서 농담 같기도 하고, 전설 같기도 한 이야기도 많다. 역에 어떤 남자가 큰 가방을 들고 헐레벌떡 뛰어와서 역장에게

"인천 기차 떠났습니까?"

물었다 한다. 역장은 느긋하게

"금방 갔으니까 뛰어가면 탈 수 있을 겁니다."

하고 대답했다는 것이다. 그리고 통학생들은 역에 가기보다 언덕에서 기차가 오면 살짝 올라탄다는 이야기도.

4년 동안의 대학 시절 수원에서 객지 생활을 하다 보니 주말에는 서울에도 가야 해서 고잔 조행은 주로 수업이 없는 주중에 이루어졌다. 따라서 수강 신청을 할 때에는 수요일 정도는 오후 시간을 비워 놓고, 낚시를 다녔다. 농담 삼아 수요일 오후에는 현장실습 4시간짜리 1학점을 신청했다고 하며.

새벽 낚시를 가려고 기숙사 구내식당에 미리 이야기를 하면 나무 도시락에 점심을 싸 준다. 반찬이라야 단무지와 멸치 꽁다리뿐이지만 신문지에 싼 점심 도시락을 들고 새벽 기차를 타고 고잔

으로 가곤 했다. 친우, 고교 동창들과 같이 가기도 했지만 대체로 혼자 떠나곤 했다.

고잔은 간석지 관개용으로 조성된 저수지와 이에 연결된 수로가 모두 낚시터였다. 저수지에서는 굵은 붕어와 잉어가 드문드문 입질을 했지만, 수로에서는 잔챙이가 자주 물렸다. 내가 주로 다닌 곳은 수로였다. 기차역에서 내려서부터 일 킬로미터 이상 계속되는 수로는 곳곳이 포인트였고, 갯가가 가까운 수로 초입일수록 잔챙이인 버들잎 붕어, 속칭 전차표가 자주 올라왔다. 대개 밤낚시를 가거나 새벽낚시는 저수지였고, 오후에 떠나면 역에서 가까운 수로에 대를 담갔다.

칸 반 대에 녹두알만 하게 떡밥을 쓰면 넣기가 무섭게 입질이 왔다. 종일 앉아서 톡톡 채다 보면, 황혼이 되고 전차표가 살림망 바닥에 가득 깔려 파드득댄다. 가지고 수원에 가 봐야 달리 줄 사람도 없어 대개 몇 마리나 될까 어림해 본 후 도로 쏟아 버리고 협궤열차를 타고 비린내에 젖으며 기숙사로 돌아왔다.

1970년을 마지막으로 다시는 고잔에 가보지 못했다. 1969년경인가부터는 기차가 현대화되어 전동차로 바뀌었다. 화통차가 없어지고 소형 객차를 2, 3량 단 전동차가 다니게 되었다. 객차가 깨끗해지고 밝아진 것은 큰 변화였다. 화통차가 없어져 석탄 냄새는 없어졌지만 차간이 비좁기는 매일반이어서 횡으로 된 좌석이 건너편 사람과 무릎이 닿을 정도이다. 그리고 수인선 철도 길 연변의 농촌, 어촌 사람들이 갯내 나는 꾸러미를 들고 타는 것과 통학생이 만원을 이루는 것은 변함없었다.

다만 일요일이면 서울, 수원의 도시민이 나들이 삼아 경량기차에 오르는 것과 낚시꾼 수가 늘었을 뿐이다. 그러나 수인 연변의 해안을 달달거리고 달리는 모습은 비록 차는 현대화되었지만, 무언가 낡은 세상을 달리는 구식 기차라는 감을 지울 수 없었다.

요즘도 고잔 낚시터의 모습이 눈에 선하다. 황량한 역, 갯내 나는 물가, 그리고 비가 오면 미끄러운 개흙 길. 그러나 신문에서 보면 수인선의 적자가 누적되어 노선이 없어질 모양이라 한다. 인근 도로의 개발로 기차의 효용이 낮아지고, 나들이 손님도 적은 모양이다. 과거 수인 인근 교통량에서 차지하던 수인선 기차의 비중도 낮아지고, 인근에 개발붐이 불어 도시화, 산업화 물결이 닥쳐오면서 더 효과적인 운송 수단이 필요해진 모양이다.

몇 년 전만 해도 신문 레포츠 난에 과거의 낭만을 간직한 기차여행이라는 투로 수인선 기차가 소개되곤 했다. 그러나 고잔 주변도 공장 단지가 개발되고 모습이 퍽 변했다고 한다. 세월의 흐름과 함께 모든 것은 변하게 마련이다. 갯내 나는 고잔이 도시화 바람에 아파트가 서고, 공장이 선 것도 당연한 흐름이리라.

지금도 수인선 열차가 폐쇄되었는지는 확실히 모르겠다. 다만 모든 것이 편리해지고, 개선되어야 한다는 관점에서 그리고, 철도청의 수지라는 점에서만 수인열차가 없어진다면 어쩔 수는 없지만 아쉬운 일이 아닐 수 없다.

우리나라에 오직 한곳 밖에 남지 않은 구시대 유물인 협궤열차는 시대에 뒤떨어진 물건임에는 틀림없다. 그러나 현대화된 기차 외에도 이러한 과거의 수송 수단이 있다는 점에서도 수인 협궤철

도는 존속되어야 하지 않았을까.

오히려 전동화된 열차보다는 지저분하고, 비록 비위생적일지 모르지만 화통차가 기적 소리를 날리며 수원, 인천 간을 달리는 모습이 복원되었으면 하는 바람을 품고 있다. 내가 더욱 나이가 들어도 그 기차를 타고 '낭만의 열차 여행'만이 아닌 '과거로 여행'을 갔으면 한다. 그 기차 위에서 창밖으로 천천히 지나가는 석양녘 솔밭의 황혼을 다시 보고 싶다. 그곳에 아파트와 공장이 생겼다고 해도 갯가의 갈대밭과 물에서 뛰는 붕어의 포말을 볼 수 있을 것으로 믿는다.

1990년경에 쓴 글이다. 고잔 지역은 안산 신도시로 개발되어 아파트촌이 되었고, 화랑저수지는 자연공원이 되어 남아 있다.

안산시 화랑공원

4. 낚시터의 개구리와

자연에 묻혀 노니노라면 예상치 않은 상황과 조우하기도 한다. 낚시꾼이라면 수변의 조화와 만난 경험이 있을 것이다. 고잔수로에서 만난 개구리는 아직도 뇌리에 생생하다.

1967년 여름, 더 정확히는 8월 15일 경인 것으로 기억한다. 대학교 4학년 학창시절의 마지막 방학이었지만 연구실의 실험을 돕노라 집에 가보지도 못한 채 한여름을 농대 실험실과 실습 포장을 쳇바퀴 돌듯 했다. 말이 실험이지 교수님의 포장 관리인 노릇을 하고, 인력 제공을 한 셈이었다. 농작물은 무럭무럭 자라고 날마다 할 일은 항상 있어 몸을 빼기가 어려웠다. 또 누가 잡는 것은 아니지만, 일거리가 쌓인 것을 뻔히 알면서 모른 체 집에 가버릴 수도 없었다.

또 학부생이지만 실험 보조를 하고 실험 포장을 교수 대신 돌보는 것이 당시 새끼 원생(예비 대학원생)의 업무이자 도제로서의 당연한 의무였다. 따라서 알아서 하는 것이지 "자네 방학이니 집에가 쉬지." 하는 소리는 기대하기도 어려운 시절이었다. 논과 밭에 벼랑 콩이 부지런히도 자라고, 포트에 심어 놓은 작물들도 날마다 돌보아 주어야 했다. 여름 내내 오전이면 콩 포장에서 교배를 하고, 오후에는 콩밭의 콩, 고상히 표현하면 실험 재료가 잘 자라는가를 돌보는 것이 일과였다.

복중에 한길이나 되는 콩밭 이랑에 낚시 의자를 들여놓고 콩 교배를 하노라면 더위에 숨이 턱턱 막히고, 땀은 비 오듯 한다. 콩 교배는 품종 육성을 위한 기초 작업으로 두 가지 콩 품종을 인공 교배하는 것이다. 우선 핀셋으로 모본(母本) 꽃의 수술을 제거하고(除雄) 나서 부본(父本)의 화분을 털어 주어(受粉) 인공적으로 교배한 후 딴 꽃가루가 들어가지 않도록 봉투를 씌워 놓는다. 그리고 봉투에는 교배 날짜, 모본과 부본의 이름을 적어 놓는다.

인류의 식량을 해결하는 신품종이 이러한 작업에 의한 것이지만 참으로 팝송 가사처럼 '지루하고, 덥고, 미칠 듯한' 여름이었다.

콩 교배, 아니 품종 육성 도구는 핀셋, 작은 가위, 소독용 알코올, 파라핀지로 만든 교배 봉투, 그리고 봉투에 교배 상황을 기록하는 유리용 크레온(젠장, 당시에는 유성매직도 없었다)이 전부였다. 거기에 쪼그리고 앉을 접의자. 낚시꾼인 내게 접의자가 없을 리 없다. 한여름의 눅눅한 습기가 땀을 범벅하고, 콩잎은 어찌나 깔깔하게 팔뚝을 긁는지. 바람 한 점 통하지 않는 콩고랑 사이에서 하필 낚시 의자 위에 앉았노라면, 마음은 콩밭 아닌 저수지 가에 가 있기 마련이었다.

일 학기 종강이 된 6월 중순부터 시작된 논틀밭틀 생활이 8월 중순까지 계속되면서 육체적인 피로도 피로였지만, 지루함과 답답함에 겨워 심리적인 폭발 상태에 놓이게 되었다. 젠장, 가자. 학교에는 개강, 등록 준비 때문에 집에 다녀오겠다고 신고한 후 우선 간 곳이 낚시터였다.

장마철 끝 무렵의 먹장구름으로 꾸무레한 날씨도 아랑곳 않고 수인선 협궤 열차에 몸을 실었다. 목적지는 고잔수로. 뒤 꼭지에 매달리는 콩밭이야 '내사 모르겠다.' 고 뇌까리며. 그날따라 조황도 신통치 않아 입질 한번 제대로 구경 못하고, 조그만 낚시 의자에 쪼그리고 앉아 밤을 맞이했다. 날이 저물면서 먹장구름이 퍼지고 멀리서 천둥소리가 들리기 시작했다. 창졸간에 나선 걸음이라 비옷도 없이 비닐우산 하나가 우장의 전부였다. 은근히 비 오는 것이 걱정되었다.

밤이 깊어 가면서 사방에 먹장구름이 퍼지고 인근에 비 오는 기척이 느껴질 정도로 우색은 완연했다. 우르릉거리는 천둥소리가 앓는 소리를 내며 달려왔다 사라지고, 먼 하늘에는 번개가 번쩍거렸다. 꺼멓게 낮은 구름이 깔린 그다지 멀지 않은 곳에서는 큰비가 오는 모양이었다. 그러나 신통하게도 빗방울은 머리 위에 떨어지지 않았다.

달빛이 비치기에 머리를 들어 하늘을 보니, 먹장 같은 구름 속에 오직 내 머리 위 하늘만이 동그랗게 뚫려 있고 그 가운데에 환한 달이 떠 있었다. 먹장구름 속, 그 위로 달은 더욱 맑았고, 더 높이 떠 있는 것 같았다. 시커먼 구름 위에 높이 뜬 환한 달은 푸른빛 하늘을 비칠 정도였다. 그리고 달무리까지. 정말로 내 머리 위만 동그랗게 개어 있고, 주위는 온통 먹장구름이 낮게 깔려 있었다. 한밤 내내 주위는 먹장구름으로 가득 차고 가까운 곳에서 비

오는 소리가 들리는 듯 했다. 제발 비가 오지 말라고 혼자 빌 뿐이었다.

달빛 아래 앉아 주위의 비 기척에 불안해하는 동안 이럭저럭 새벽은 다가왔다. 동이 트고 날이 밝으면서 비로소 빗방울은 떨어지기 시작했다. 그리고 붕어의 입질도 찾아왔다. 비닐우산을 받침대에 매어 옆에 세우고 그 아래서 옹색하게 비에 몸을 가리고 낚시는 계속됐다. 말이 우산 속이지 하반신은 거의 젖어 머리만 우산에 간신히 감춘 꼬락서니였다. 고잔수로의 그 유명한 버들잎 같은 잔 붕어는 계속 입질을 했다.

이때 그 개구리 한 마리가 나를 찾아왔다. 수련 잎 사이에 칸반 낚싯대를 살풋 던져 넣고 보니 찌 바로 앞 수련 잎에 개구리 한 마리가 앉아 있는 것이 보였다. 콩알 떡밥에 찌를 살짝 올리는 붕어를 가볍게 채 올려 수면으로 끌어내자, 개구리가 붕어에 덤비는 것이 아닌가. 대를 세워 붕어를 살살 당겨 들이자 수면에서 파득대는 잔 붕어에 개구리 녀석이 기를 쓰며 덤벼들며, 퐁당대며 발밑까지 따라왔다.

붕어를 낚시에서 빼고, 내려다보니 개구리는 내 오른쪽 장화 발 옆에 의젓하게 앉아 있었다. 다시 미끼를 껴서 낚시를 던지자, 개구리는 퐁당대며 찌 바로 앞, 그 수련 잎에 올라앉아 찌를 보는 것이었다.

그 의젓한 폼은 정말 찌를 응시하는 듯했다. 바로 입질이 오자 녀석은 다시 붕어를 물려고 애를 쓰며 발밑까지 붕어를 따라 돌아왔다. 붕어를 살림망에 넣고 옆을 보니 여전히 개구리는 그 자리에 앉아 있었다. 연둣빛 색깔에 등에 갈색 줄이 두어 줄 든 주먹보다 약간 작지만 꽤 큰 참개구리였다.

귀찮은 생각에 장화 발을 들어 밟으려고 발을 번쩍 들었지만 도망도 가지 않는다. 묘한 기분이 들어 엄지손가락으로 개구리 머리를 살짝 누르니 이놈이 대가리만 움츠리지 않는가. 손가락으로 톡톡 쳐도 머리만 움츠리고 앉아 있다. 눈만 멀뚱거리면서. 마치 조그만 강아지 머리를 쓰다듬으면 고개를 내리까는 것처럼 사람을 겁내지도 않고 친숙감마저 표시하는 듯했다.

낚시를 던지면 녀석은 찌 앞 수련 잎으로 돌아가고, 다시 입질이 오면 붕어를 따라 발밑까지 돌아왔다. 부슬비는 계속 내리고 이날따라 버들잎 붕어는 입질도 잦았다. 퐁당하고 미끼 던지는 소리가 나면 개구리는 부지런히 찌 앞으로, 파닥대는 붕어를 끌어들이면 다시 내 곁으로 돌아오는 것이 반복됐다. 얼마 동안을 그 개구리와 어울려 낚시를 했을까.

그때 무엇인가 변화가 있었던 것으로 기억한다. 정확히는 모르지만 아마 미끼가 떨어져, 새로 떡밥을 개노라 나 혼자 부산을 떨었던 것 같다. 새로 미끼를 끼어 낚시를 던지고야 생각이 나서 개구리를 찾으니 보이지 않는다. 일어나서 수련 사이의 사방 주위를 아무리 둘러보아도 녀석은 보이지 않는다. 무엇인가 허전하고, 잃어버린 듯한 생각이 들었다.

개구리가 사라지고도 붕어 입질은 계속됐다. 자디잔 전차표 붕어를 연상 끌어올리기는 했지만 무엇인가 빠진 것 같아 그 후의 낚시는 온전한 것이 아니었다.

정오가 되어 부슬비도 그치고 배도 고파져서 낚싯대를 거뒀다. 살림망 바닥에 그득히 깔린 잔 붕어를 놓아주며 혼자 웃음을 지었다. 비에 젖어 눅눅한 옷을 체온으로 말리면서 수원행 수인선 똑딱기차에 몸을 실었다. 돌아오는 기차 안에서도 무엇인가 홀린 듯 황홀한 기분은 계속됐다. 캄캄한 밤, 어둠의 장막 속에서 달빛에 싸여 들은 빗소리, 그리고 아침에 나를 찾아온 개구리.

그 후 나는 붕어에 덤비는 개구리를 만나 본 적이 없다. 자연이란 가끔 예상치 못한 조화를 부린다. 그러나 그것은 자주 있는 것도 아니고, 찾아다닌다고 볼 수 있는 것도 아니다. 자연 속에 젖어 있을 때 우연히, 그리고 살며시 내게 다가오는 것이다. 어쩌면 다른 낚시꾼도 자연 속에 있을 때 나름대로 우연하고도 신비한 만남을 경험한 바 있을 것이다.

그 뒤로는 비 오는 날 커다란 개구리를 보면 슬며시 웃음이 나온다. 그러나 그 개구리가 나와 더불어 낚시를 해 주는 것은 감히 바라지는 않는다. 아마도 지루한 팔월의 장마철, 고잔수로를 찾으면 그런 개구리가 또 있을지도 모른다. 고잔수로에 가 본지도 여러 해가 지났다. 그곳 역시 개발붐을 타고 많이 변했다 한다. 우연히 만난 자연 속의 청개구리, 수십 년이 지났지만 눈을 감아도 생생히 기억한다. 자주 수변에 가면 그런 만남이 나를 기다리련만, 세상사에 쫓겨 마음뿐임이 아쉽기만 하다.

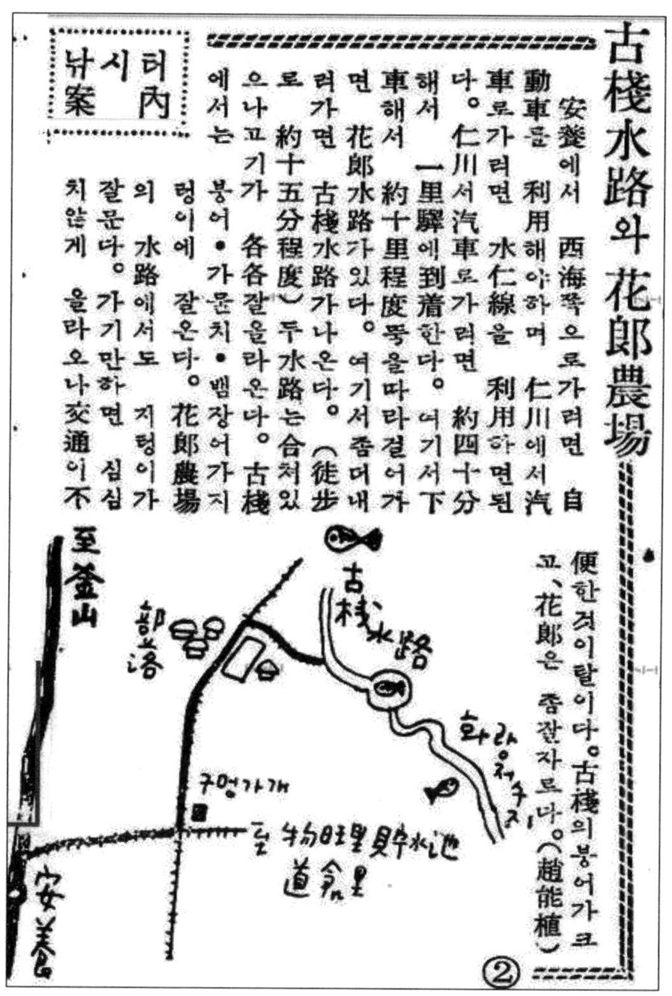

古棧水路와 花郎農場

낚시터 案內

安養에서 西海쪽으로가려면 自動車를 利用해야하며 仁川에서汽車로가려면 水仁線을 利用하면된다。仁川서汽車로가려면 約四十分해서 一里驛에到着한다。 여기서下車해서 約十里程度뚝을따라걸어가면 花郎水路가있다。여기서 좀더내려가면 古棧水路가나온다。(徒步로約十五分程度) 두水路는 合처있으나 고기가 各各잘올라온다。古棧에서는 붕어·가문치·뱀장어가지렁이에 잘온다。花郎農場의 水路에서도 지렁이가 잘문다。가기만하면 심심치않게 올라오나交通이不便한것이탈이다。古棧의붕어가크고、花郎은 좀잘자르다。(趙能植)

②

화랑농장과 고잔수로, 1956년 9월 7일 동아일보

5. 미끼란 무엇인가

"미끼는 무얼 쓰세요?"

꾼들이 저수지 가에 빙 둘러앉아 있다. 낚싯대를 부챗살 모양으로 모양 좋게 펴놓았지만 찌는 말뚝이다. 그런데 남들이 공치며 하품하는 가운데 유독 한 사람은 물고기를 낚고 있다. 이럴 때면 그 복 많은 조사에게 여러 사람의 질문이 쏟아진다. 가장 대표적인 질문이 있다.

"미끼가 무엇입니까?"

붕어낚시에서 미끼라야 뻔하던 시절이다. 동물성 미끼로는 지렁이, 식물성 미끼는 떡밥이다. 그런데도 질문은 쏟아진다.

물 반, 고기 반이라고 소문난 저수지다. 그런데도 붕어 입질이 없는 것이 혹시 내가 미끼를 잘못 써서 그런 것이 아닌가 하는 의구심에서다. 또 현재 불황에 대해 별다른 대책이 없어서이다. 그럴싸한 대답이 돌아온다. 지렁이와 떡밥을 '짝밥'으로 쓰고 있습니다, 하고. 그럼 낚시꾼 사이에서 부산스러운 움직임이 일어난다. 미끼를 바꾸노라.

1971년 경 충남 대흥 저수지에서의 일이다. 이 저수지는 당시 어족자원 보존을 위해 3년 간 휴식기를 갖고 있다 해금되었다. 물 반, 고기 반이 아니라 잡히는 족족 월척이라고 소문이 났다. 한 친구가 밤낚시를 가서 이튿날 낮까지 버텼지만 소문난 잔치에 먹을 것 없다고 빈 바구니였다. 한낮이 되어서야 떡밥 미끼를 지렁이로 바꿔 보았다. 더위 때문인지 죽어 흐물흐물해진 지렁이뿐, 성한 것이 거의 없다.

상한 지렁이로 간신히 낚싯바늘에 옷을 입힌 채 담가 보았다. 그런데 웬일인가, 찌가 쑤우욱 솟구쳐 올라 흔들대다 '삼일빌딩 넘어가듯' 자빠지는 것이 아닌가. 채어 보니 월척이었다. 이 친구 다 상해 흐물흐물한 지렁이를 골라 다시 낚시를 던졌다. 이번엔 준척이었다. 이 친구 쾌재를 불렀다. '이거야. 썩은 지렁이라야 하는구나.' 이후 계속 입질은 왔다. 몇 마리 잡다 보니 지렁이가 떨어졌다. 이 친구 급한 마음에 저수지 관리인에 소리쳤다. "지렁이 있소?", "예!", "그럼 썩은 지렁이로 한 봉만 부탁합니다.", "에?" 현장에서 들은 이야기다.

그 날 지렁이 미끼가 잘 먹힌다는 소문에 관리사에 준비된 지렁이는 금방 동이 났고, 지렁이 미끼를 기피하던 떡밥조사님들은 아차, 무릎을 쳤다 한다. 그리고 대흥지를 찾는 낚시꾼은 지렁이를 3봉 이상 준비해야 한다는 소문이 서울 시내 낚시회에 쫙 퍼졌다. 낚시꾼이 붕어를 더 잡기 위해서는 미끼에 신경을 쓰며, 잘 잡힌다는 미끼에는 귀가 여려지게 마련이다.

떡밥은 붕어낚시의 주 미끼이다. 떡밥의 원료는 들깻묵이지만 제조처마다 여러 가지 배합물이 들어간다. 그래서 낚시꾼 사이에는 어디, 어느 떡밥이 좋다는 소문이 있다. 낚시터에서 떡밥이 잘 듣는 모양인데 나만 못 잡는 경우 내가 준비한 떡밥을 의심하는 꾼도 있다.

1983년 하남에 있는 작은 저수지에서 겪은 일이다. 그런대로 밤낚시에 붕어가 드문드문 올라오고 있는데 옆자리 꾼이 조심스레 얘기를 건다.

"선생님, 혹시 떡밥 좀 여유 있으십니까?"

눈치를 보는 젊은 꾼에게 쓰던 떡밥 가루를 인심 좋게 건네주었다. 한참 있다 이 친구가 다시 말을 건다. "선생님, 딴 떡밥 없으십니까?", "왜요?", "저번에 여기서 붕어를 많이 잡았는데 '토끼표'였어요." 마침 그 떡밥이 있어 건네주었지만 그 친구 그 후에도 고기 잡는 기색은 없었다.

붕어낚시꾼이 미끼, 특히 떡밥에 쏟는 정열은 남다르다. 고참 꾼들은 저만의 비방을 갖고 있기도 하다. 떡밥의 기본 재료는 들깻묵이다. 그러나 꾼들은 들깻묵도 한번 짠 것이냐, 두 번 짠 것이냐를 따진다. 지금은 찾아보기 어렵지만, 들깨를 쪄서 재래 기름틀로 기름을 한번 짜고 남은 깻묵은 냄새가 고소하고 기름기가 잘잘 흐른다. 이런 깻묵이라야 한다는 것이 고참 꾼들의 지론이었다.

들깻묵에 여러 가지 보조제를 혼합해 떡밥을 만든다. 제조처마다 다르지만 번데기 가루, 밀가루, 콩가루, 찹쌀가루, 고구마 가루, 전분 등을 혼합된다. 물론 혼합재 종류와 혼합 비율은 제조처마다

의 고유한 처방이다. 전래 비방을 실용화하는 극성 꾼도 있었다. 전해 오는 민간 비법에는 말린 제비고기, 호랑이 뼛가루, 한약재 천궁 등이 붕어에 특효라 했고, 이런 비방 미끼로 호황을 즐기며 남몰래 미소 짓는 열성 마니어도 있었다.

미끼에 유행도 있다. 1970년대 초반에는 원기소, 비오비타 등 비타민류 약제를 곱게 갈아 떡밥에 섞어 쓰는 게 유행했다. 요즘에는 조그만 병에 수천 원 하는 비싼 드링크제가 떡밥 반죽용으로 쓰이기도 한다는 말이 있다. 심지어 김구이, 후춧가루가 붕어잡이에 특효라는 소문도 있다(조선일보, 1998. 1. 8). 이러한 꾼들에게 나만의 떡밥 처방은 특허에 해당하는 극비 사항인 것이다.

6. 거기 고기 잘 잡힙니다

"거기 고기 잘 잡힙니다."

낚시꾼이 남이 붕어를 잡는 것을 보고 한마디 한다. 일단 낚시꾼은 물에 붕어가 있는 것으로 보고 고기를 잡는 사람의 솜씨보다는 자리 탓으로 돌리기 쉽다. 낚시를 하는 동안 자리를 잘 잡았다는 선망 어린 푸념을 가끔 들어보았다.

1980년대 중반 초봄 예당저수지에서 일어난 일이다. 조우들과 대형 좌대를 타고 밤낚시를 했지만 별다른 수확은 없었다. 동이 트며 보니 바로 옆에 독좌대가 개울자리에 놓여 있었다. 소형 쪽좌대로 혼자 옮겨 지렁이 미끼로 잔 붕어를 솔솔 낚고 있는 참이었다.

해가 뜨면서 젊은 꾼 세 명이 부지런히 와 내 좌우 좌대에 포진했다. 한 명이 리더인지 너는 여기 앉고, 미끼는 무엇을 쓰라는 등 한참 부산을 떨었다. 그런데 내 눈에는 대장님부터 모두 어설퍼 보이는 이른바 초보였다. 이러는 중에도 내게는 붕어가 심심찮게 왔다. 그러나 내 좌우 초보님들에게는 영 소식이 없는 모양이다.

이윽고, 내 왼편의 조사님이 시비 아닌 시비를 걸어 왔다.

"선생님, 거기 고기 잘 잡히네요."

"예, 가끔 나옵니다."
한참 있다 그 친구 심심한지
"거기 고기 잘 잡힙니다."
하고 다시 이야기를 걸어왔다. 대형 좌대에 남아있던 조우 이 형이 끼어들었다.
"보시오, 선생. 낚시 언제 배웠소?"
"예, 이번이 두 번째입니다."
"저 양반은 낚시를 30년 이상 한 분이오. 잘 잡히는 게 아니라, 잘 잡는 거지요."
그 친구 무색하게 되어 한참 조용히 있다 다시 이야기를 걸어 왔다.
"선생님, 어떻게 하면 잡힙니까?"
하는 수 없이 웃으며 일러주었다.
"선생 낚시하시는 것 보니 지렁이를 손바닥으로 탁탁 친 후 토막을 내어 쓰십디다. 가능한 한 통지렁이로 산 것을 쓰는 것이 좋습니다. 그리고 토막을 내어 바늘에 입히느라 고생하시는데 그럴 필요 없습니다. 살짝 허리를 바늘에 걸면 됩니다."
"예? 그럼 지렁이가 빠지지 않습니까, 그리고, 붕어가 그걸 다 어떻게 먹습니까?"
아무튼 그 친구 통 지렁이를 끼더니 금방 붕어를 두 마리를 낚아냈다. 그리고 저희 대장에게 소리쳤다.
"야, 임마 너 엉터리잖아?"
대장님은 묵묵부답이었다. 그러고 나서 한참 기간이 흘렀는데 그 친구 입질이 뜸한 모양이다.

"선생님은 계속 잡으시는데, 이쪽은 소식이 없네요."

다시 일러주었다.

"선생, 아까 넣은 지렁이를 그대로 두고 입질만 기다리고 있군요. 요즘은 수온이 차서 지렁이를 너무 오래 물속에 두면 활력이 적습니다. 지렁이 아끼지 말고 가능한 한 자주 갈아주세요."

그러고 나자 이 조사님 곧 입질을 받았다.

견지낚시에 눈이 팔려 10여 년 이상 붕어낚시를 외면하였다. 그러다 모처럼 붕어낚시를 가려고 떡밥을 사려다 깜짝 놀라고 말았다. 그 사이에 떡밥미끼가 눈부시게 변한 것이다. 밑밥용, 유인제, 집어제, 콩알용 등 다양한 용도의 상품이 나와 있다. 소재별로는 동물성, 식물성, 섬유질 계열로 분화되어 있었다. 그리고 같은 제품이라도 향기별로 상품이 나와 있다. 글루텐을 예로 들면 1에서 5번이 있는데 마늘 향, 딸기 향, 바닐라 향 등 냄새 별로 써야 한다나. 구닥다리 낚시꾼이 어지럽게 느낄 정도였다.

요즘 떡밥은 아구아텍, 글루텐 등 꼬부랑 상표까지 붙어 있다. 옛날에 쓰던 '무슨 표' 떡밥은 포장도 초라하고, 구석에 밀려 있다. 게다가 '구루텐' 같은 일제 수입미끼가 인기를 끌고 있다. 붕어 입맛 맞추기도 어려워졌다.

낚시 미끼는 제대로 알고 잘 써야 한다. 미끼 종류와 사용 방법이 그날 조황을 좌우하는 중요한 요인의 하나다. 이러니 붕어낚시꾼들이 미끼에 신경을 쓰고, 신형 미끼에 현혹될 수밖에 없다.

미끼에 대한 꾼들의 열정이 풍어를 기약하는 것은 사실이다. 그러나 손수 진깻묵을 빻아 떡밥을 만들고 저마다 비방으로 미끼를 만들어 쓰던 꾼들은 이 다양한 미끼 앞에서 좀 당황스럽게 되었다. 또 손수 떡밥이 아니면 토끼표, 곰표 등 방앗간 떡밥을 쓰던 구세대에게는 어분도 싫고, 향기도 필요 없다. 그 옛날 들깻묵의 고소한 냄새가 그리울 뿐이다.

1970년 늦봄, 강화도 항포수로에서

7. 낚시터 팔경

선인들은 경치 좋은 산과 계곡의 빼어난 절경을 택해 연명(連名)을 붙이고 있다. 유명짜한 곳 치고 팔경이나 구곡이니 하는 이름이 없는 곳이 없을 정도다. 단양팔경(端陽八景), 관동팔경(關東八景), 화양구곡(華陽九谷), 선유구곡(仙遊九谷) 등…….

천성이 자연을 사랑하고, 그 중에서도 물을 더욱 좋아해서 언제 어디에 가나 물가에 앉으면 마음이 편하고 흐뭇해진다. 그리고 신발을 벗고 물속에 발목이라도 잠그면 마음은 어릴 적 하동(河童)으로 돌아간다.

낚시는 그 목적이 물고기에 있다. 강태공의 곧은 낚시라고는 하지만 물고기를 잡지 않으면 낚시가 아니다. 그렇다고 물고기만을 노리는 고기잡이는 낚시의 제맛이 없다. 낚시의 과정, 그리고 낚시터의 풍경이 물고기와 어우러져야 제맛스런 낚시가 존재한다.

내가 즐겨 가는 붕어낚시터는 대체로 저수지, 소류지이므로 소문난 절경은 거의 없다. 그러나 계절과 장소, 그리고 시간에 따라 가슴에 뭉클 다가오는 풍경이 있다. 이것은 고인이 읊은 명소와 같이 찾아가 볼 수 있는 경치가 아니라 낚시터에 가서 기다리노라면 우연히 내게 다가오는 자연의 일부인 것이다.

계곡 저수지 붕어낚시터 중에 명소에 자리 잡아 절경인 곳도 없지 않다. 정읍의 내장 저수지, 연천의 용화 저수지가 그런 곳이다. 그러나 이곳들은 절경, 명소의 일부이지 낚시터로서 독립된 절경은 아니다. 붕어낚시터는 대개 논에 물을 대는 곳이므로 농경지 가운데 있기도 하고 물빛도 황토 빛이다. 경치만을 보려면 구태여 낚시터로 갈 필요는 없다. 낚시꾼인 나 자신도 경치만을 즐기려면 낚시터로 가지는 않는다.

그러나 낚시를 하다 보면 계절에 따라 뭉클 내게 다가오는 풍경이 있고 그 감흥은 오래오래 잔영이 되어 내 가슴에 남아 있다. 낚시터의 아름다움, 아니 내가 만난 낚시터의 아름다운 광경은 여러 가지가 있다. 낚시터의 인상적이었던 경치를 선인을 본 떠 팔경 혹은 구경으로 차례로 적어 보자. 비록 이러한 감흥과 인상이나 혼자만의 것일는지도 모르지만.

一景

봄이다. 얼음이 녹은 수변에는 파릇파릇 수초의 새싹이 돋아 나오고, 연초록 도로록 말린 수련의 새잎이 수줍게 수면에 잎을 내밀고 있다. 봄이 익어 가며 피어나는 아지랑이 너머로 밭가는 황소와 농군이 아스라이 보인다. 봄볕이 따듯하지만 옷깃에 스미는 바람은 아직은 차다. 한유한 수변에서 한가로이 주위를 둘러본다. 물버들의 신초가 파랗게 돋아나고 진달래꽃이 먼 산을 붉게 물들이면 그 아니 고즈넉하지 않겠는가.

二景

여름이 되면 수변은 시시로 변화한다. 무더운 여름. 바람 한 점 없이 뜨거운 태양은 작열한다. 문득 바람이 불고 먹장구름이 하늘을 덮는다. 그리고 소나기가 후드득 쏟아진다. 잔잔한 은빛 수면에 떨어지는 굵다란 빗방울이 포말을 일으킨다. 광대한 은쟁반에 물방울이 튀는 듯하다. 거울에 은방울이 튀는 듯하다. 이것 저곳 튀어 오르는 물방울에 시선을 주노라면 마음까지도 같이 도약하는 듯하다. 어느새 소나기가 멈추고 시원한 바람이 한바탕 분다. 그리고 하늘에는 흰 뭉게구름이 시치미를 떼고 떠 있다. 순식간에 스쳐 간 바람과 물방울, 그리고 잔잔하다 못해 거울과 같은 수면, 이 아니 청량하지 않은가.

三景

여름은 밤낚시의 계절이다. 비, 바람, 자연의 변화가 무상하다. 살살 내리는 보슬비는 더위를 씻어 주지만, 밤새 내리는 장마 비는 낚시에 여간 불편을 주는 것이 아니다. 새벽이 되어 비가 멈추면 온 산이 안개구름 속에 들어 있다. 주위가 아련한 연무에 휩싸인다. 산봉과 산봉 사이, 계곡에서 피어오르는 안개가 바람에 모였다 흩어지며 살아 있는 듯 움직이고, 산록 능선이 아스라이 보이는 듯 마는 듯 희미한 여백이 마치 동양화의 화폭처럼 그려진다. 그 가운데 있노라면 몸과 마음이 저절로 안개와 구름에 젖어 든다. 한여름 밤, 긴 비 뒤 아직도 아스라한 여명에서 보는 연무 속에 녹아 든 산과 물, 이 아니 삽상하지 않은가.

四景

한여름 밤의 낚시터, 먼 산은 어둠에 그림자 드리우고, 대안에 드문드문 반짝이는 등불은 이어질 듯 마는 듯하다(對岸漁火星). 하늘은 장림의 말미, 먹장구름을 만공에 드리우고 있다. 하늘을 올려다보면 별빛은 없는데, 유독 만월이 휘황하다. 검은 구름 사이로 내 머리 위만 둥그렇게 푸른 하늘이 보이고 그 안에 홀로 보이는 달. 고인이 '달은 밝고 별은 드물다(月明星稀)' 라고 읊은 것처럼 사위의 어둠 속에 홀로 유난히 밝은 달, 그리고 아련한 달무리. 고개를 들어 하늘을 보노라면 달이 내게 다가오는지, 내가 달에 끌려드는지 모르겠다.

금방이라도 후드득 빗방울이 떨어질 듯한 장마철의 한밤, 내려누르듯 짓게 깔린 먹장구름 저 위로 아련히 솟구쳐 있는 듯한 만월. 장마철의 음울한 기운과 인간의 풍진을 모두 씻어 주는 듯한 저 휘황한 달빛, 그 아니 명량(明凉)하지 않은가.

五景

여름밤이 이슥해지면서 수변에는 물안개가 피어오른다. 농무 사이로 멀리 보이던 불빛은 더욱 멀어진 듯 아스라해지고 물버들, 갈대 사이로, 그리고 부초 위로 물안개가 다가온다. 물안개가 주위를 휩싸면 주위는 더욱 아득하니 좁아지고 우주는 축소된다. 그러다 바람이 휙 불면 안개는 흩어지고, 검은 물결이 불빛에 편편히 흰빛을 반사하고 말풀 더미는 더욱 검게 다가온다. 그리고 잎새 스치는 소리만 들려주던 갈대는 하늘대며 안개 사이로 어두운 모습을 드러낸다.

한낮의 오니와 고엽도 보이지 않고 수면에 덤불져 솟은 수초와 물버드나무의 음영만 보인다. 그리고 어둠 속에서 검은 그림자만이 흔들거린다. 다시 물안개가 다가오면 주위는 몽롱해지고 불빛마저 이슬진 듯 축축해진다. 한밤도 기운 낚시터, 물안개 속에 앉아 농무에 젖어드는 것도 이 아니 감흥이 아니겠는가.

六景

가을이 되면 소슬한 바람에 수변은 더욱 고즈넉하다. 푸르던 수초도 누렇게 바래가고, 수면에 비추는 초추의 양광이 살갑게 느껴진다. 먼 산에 단풍이 깊어지고 농촌 마을 초입에 서 있는 감나무에 달린 빨간 감은 멀리서도 선명하다. 가을 낚시터에 밤이 오면 달빛에 반사된 수면은 잔물결에 반짝이며 더욱 차갑게 느껴진다. 싸늘해지는 바람에 몸은 웅숭그려지지만 건너 편 대안의 등불은 더욱 선명해지며, 하늘에는 도시에서 볼 수 없던 수많은 별들이 금방 쏟아질 듯하다.

밤이 깊어지면 물안개는 부옇게 그리고 차갑게 다가오고, 갈대는 잎새를 비비대며 속삭인다. 이제 나도 붕어도 깊은 겨울잠을 맞이할 때가 가까워 옴을 안다. 가을의 호반, 물새들의 울음소리를 들으며 한가히 걸쳐놓은 낚싯대를 소슬바람이 건드리는 것을 보며 나만의 감정에 젖어 보는 것도 이 아니 소소(蕭蕭)하지 않겠는가.

七景

가을이 깊어질수록 낚시터는 싸늘해진다. 물은, 그리고 하늘은 더욱 깊어지고, 더욱 파래진다. 낙엽진 숲은 앙상하고 물가 억새풀의 누른빛에 가을이 깊어짐을 안다. 물빛에 반사된 햇볕이 얼굴에 어룽대며 손등에 따사롭게 모인다. 수변의 빛바랜 고추잠자리도 힘없이 날다 낚싯대 초리 위에서 한숨을 쉰다. 밤이면 기러기가 ㄱ자를 그리며 날아들고 깊어진 하늘에 물새 울음소리는 더욱 맑게 들려온다. 정적 속에서 내게 다가 온 은린(銀鱗)이 달빛에 반짝이며 생명의 파동과 전율을 손끝에, 아니 온몸에 전해 줄 때 혼자만의 행복에 젖는다. 깊어진 가을, 끝남을 예감하며 싸늘한 바람에 몸을 맡기고 사위를 돌아보니 공활한 천지는 유유하기만 하다. 싸늘한 낚시터에서 홀로 가을을 보내는 것도 이 아니 유현한 감상이 아니겠는가.

八景

초겨울의 낚시터. 물위를 덮었던 수초는 수면에 비죽비죽 한여름 무성했던 잔영만 남기고, 앙상한 갈대숲은 바람에 찬 소리만 더욱 크다. 한여름, 가을의 잔재로 어지러워진 수면은 바람에 일렁이고, 솔바람 소리는 더욱 길다. 수변에 잠긴 감나무는 앙상한 지체만 들어내고 까치가 먹다 만 붉은 감은 외로이 서리를 쓰고 떨어질듯 아스라하다. 초겨울의 수변, 하늘마저 회색빛을 드리우고 바람이 옷깃 사이로 스며들 때 드문드문 눈발마저 흩날린다. 차디찬 강가, 물가에서 모든 것을 덮을 눈과 함께 낚싯대를 드리우면(獨釣寒江雪) 홀로가 아니라도 외로운 감상에 젖는다. 이제 수변도 긴 침잠에 젖어 들 때다. 이제는 다시 봄을 기약하며 나도, 붕어도 동면에 들어가야 한다. 그러나 내 어느 날 깨어 모든 것이 날아가 버렸음을 깨달았을 때 무엇과 다시 만날 수 있을까?

겨울의 수변, 차가운 대기에 몸을 맡기고 한숨과 같이 긴 입김에 내가 존재함을 느끼면서 주위를 돌아보며 작별을 고함도 이 아니 적막치 아니한가.

8. Nature calls me

야외에 나갔을 때 당혹스러운 일의 하나가 생리작용의 처리 문제이다. 인간이기에 적어도 하루에 한번은 겪어야 하는 큰 것의 처리는 인간의 영적 부분에 손상을 주는 행사가 아닌지 모르겠다. 아니면 인간의 동물적인 모습을 상기시킴으로 인해 적어도 신 앞에 모두가 미물임을 확인케 하는 행사인지도 모른다.

야외에 나가 방분을 하는 것은 미상불 상쾌한 일인지도 모른다. 원로작가인 김동리 선생은 '들똥'을 처리하는 기분을 명쾌하게 적어 놓고, 그 위에 친구인 황 모 선생을 비롯한 원로작가들의 등위까지 매겨 놓으셨다.

호젓한 산곡에서, 아니면 아무도 없는 들판에서 풍경을 바라보며 시원하게 방분을 한 후 생리적 압박을 덜고 몸 가벼이 일어남은 정말로 시원한 일이다. 거기서는 크리넥스도 사치이며, 뒤처리는 널따란 떡갈나무 잎이면 충분하다. 그러나 원치 않는 시간에, 또 적합하지 않은 상황에서 '자연이 부르는 것'은 정말로 난처하다.

낚시터는 방분을 하기에는 적합한 장소가 아니다. 게다가 좌대 낚시에서 이 불청객이 찾아오면 정말 난감하다. 거기에 급성 불청객이라면 더욱 큰일이다. 낚시꾼이라면 한번쯤 당해 보았을 상황에서 두고두고 쓴웃음이 남는 춘사가 발생한다.

낚시에 관한 글을 많이 쓴 홍성찬 씨의 글에 이런 이야기가 있다. 홍 선생이 친구와 나란히 독좌대를 타고 낚시를 하던 중이란다. 아마도 한여름인 모양이었다. 별안간 친구가 옷을 훌훌 벗더니 좌대 아래로 들어가 목만 내놓고 앉더란다. 그러더니 물속에서 공기 방울이 요란하게 올라오더니 참외 씨가 섞인 분이 떠오르더란다.

무사히 큰일을 치른 친구가 옷을 입고 시치미를 떼고 낚시를 계속하였다. 그러고 나서 잠시 후 그 친구가 한 자가 넘는 큼직한 붕어를 낚아 올렸단다. 그러자 한가하던 주위가 질문으로 시끄러워졌다고 한다. 주위에서 쏟아진 물음은 주로 미끼가 무엇이냐는 것이었다고. 그러자 당사자는 아무 대답도 없이 낚시를 계속하며, 얄궂은 표정을 지우며 혼자 말을 하더란다. “미끼가 문젠가, 밑밥이 문제지.”

내가 겪은 이야기 하나. 1976년 봄으로 기억된다. 만삭이 다 된 집사람을 데리고 돈암동에 있는 낚시회를 따라 천안 근교에 있는 업성지(業城池)로 낚시를 갔다. 새벽 4시 반에 떠난 당일 조행이었지만, 시집살이에 주눅이 들었던 새댁께서는 시어머니 눈 밖에서 하루 종일 지낼 수 있다는 마음에서인지 반갑게 따라나섰다.

마침 붕어 산란기라서 신문에 조황이 좋다고 소문난 업성저수지는 그야말로 만원이었다. 낚시 버스가 저수지에 도착하자마자 낚시꾼들은 좋은 자리를 찾아 번개같이 사라졌다. 몸이 무거운 집사람을 끌고 꽁무니에 쳐져 물가에 도착한 후 그럴싸한 자리를 찾아보았지만 큰 고기가 놀 만한, 게다가 몸까지 무거운 집사람이 편안히 앉아 낭군님이 낚시 삼매경에 잠겨 있는 것을 감상하실 만한 자리는 없었다.

이리저리 헤매다 파릇파릇한 수초 새싹이 물위에 파랗게 돋아 있는 자리를 찾아냈다. 주위에는 낚시꾼도 없다. 다만 흠이라면 4, 5칸 너머에 독좌대가 느른히 자리 잡은 것이었다. 물론 결정적인 흠이었다.

정작 포인트는 수초 넘어 저·····어 쪽인 것이다. 극성맞은 낚시꾼들이 모두 외면한 자리인 것이다. 한숨을 쉬며 낚싯대를 편 후 집사람과 나란히 의자에 자리 잡았다. 속으로 되지 않은 생각이 스쳐 가고 있었다. 혼자라면 어디든지 비비고 앉을 수 있을 텐데, 장화를 신고 저만큼만 나가면 틀림없는 포인트인데, 역시 혹을 달고 오는 것이 아닌데.

그렇지만 시집살이에 눈치만 굴리는 집사람을 집에 두고 혼자 낚시를 갈 용기는 없었다. 낚시를 간다니까 애처로워지는 눈망울을 보니 마음도 약해지고, 낚시를 가는 양해를 쉽게 얻어내기 위한 방편으로 같이 가자니 그리 좋아할 수 없었다. 게다가 시어머니께 허락까지 받아 놓았다니까 얼굴에 함박꽃이 피는 판이었다. 그때만 해도 어부인께서 순진하시던 시절이었다. 지금 같으면 한마디로 "안 돼."일 텐데.

어쨌든 낚시는 애시당초 틀린 날이라서 새댁님하고 야유회 기분이나 내며 하루를 보내야겠다고 작심하고 이런저런 이야기를 하며 시간을 죽이는 참이었다. 그런데 바로 앞 좌대에 앉아있는 아저씨가 자꾸 힐끔힐끔 뒤를 처다 보는 것이다. '젠장 저도 마누라는 있을 나이인데, 남의 색시 쳐다보기는.' 조금 있다 그 냥반이 무언가 할 이야기가 있는 모양인지 입을 쫑긋대며 쳐다보는 것이다. 한참 망설이던 그 아저씨가 말을 걸어왔다. 다음은 주고받은 대화 내용이다.

"저…, 아저씨."

"왜요?"

"저…, 사모님 좀‥"

"에!?"

"제가…"

"뭐요?"

"제가 배탈이 났는데 사모님 좀‥"

"아! 알았습니다."

아마 그 아저씨 초봄 이른 밤낚시를 하시다 찬 기운에 설사가 급하신 모양이었다. 어찌됐든 급한 상황은 면해야 하겠는데 하필이면 젊은 새댁이 바로 뒤에 앉아 있는 것이었다. 집사람에게 사정을 이야기하니, 이 친구 키득대며 돌아앉았고, 나도 눈길을 돌려주었다. "고맙습니다." 말이 끝나기가 무섭게 그 양반 주섬주섬 신문지를 펴고, 엉덩이는 낚시가방으로 옹색하게 가린 후 무사히 불청객을 처리하였다. 그리고 나서는 내내 뒤쪽으로는 눈길 한번 주지 않았다. 아마도 정말 시원하셨을 것이다.

이번에는 내가 직접 겪은 사건. 남이 당한 것은 이야기 감이나 되지만 실제 내가 당하고 보니 정말 난감하였다. 남에게 이야기하기도 쑥스러운 사건이다.

1977년 사월 초였다. 초봄이라서 쌀쌀한 데다 날씨마저 흐렸다. 행선지는 경기도 이천군 행죽에 있는 금당지였다. 전에 몇 번 가본 적도 있고, 이름까지 마음에 드는 곳이다. 錦塘池인지, 金堂池인지 잘 모르지만 어느 쪽이건 운치가 있지 않는가?

마장동에서 이천행 직행버스를 타고나니 바로 이웃 자리에 나이도 비슷한 낚시꾼이 혼자 타고 있어 이런저런 낚시 이야기를 나누다가 의기가 투합해서 금당지로 같이 가기로 했다

금당지에 도착하니 만수라서 논둑까지 물이 차서 앉을 자리가 마땅치 않았다. 밥집을 정하고 자리를 찾다 마땅한 곳이 없어 배를 빌려 물이 가득 찬 논 가운데 둑에다 걸쳐놓고 같이 간 친구와 나란히 앉아 짧은 대를 펼치고 찌를 응시하기 시작했다.

날씨가 점점 흐려지고, 쌀쌀한 바람마저 불기 시작했다. 입질 한번 못 보고 이럭저럭 점심때가 되었는지 밥집에서 배로 밥 두 상을 날라다 주었다. 밥집의 성의가 없었는지 밥은 차디찬데다가 비까지 오기 시작한다. 찬밥에 비를 말아 대강 한 그릇을 먹어 치운 후 사단이 일어났다.

차디찬 밥을 급히 먹어서인지. 아니면 밥을 지은 지 오래된 때문인지 한 시간이 안 되어 배가 싸늘해지고 부글부글, 꾸르륵 요란해지기 시작했다. 오곡(五穀)의 윤회(輪廻)가 순식간에 일어난 것이었다. '오곡윤회'의 마지막 성문에 힘을 주고 참으려 노력했

지만 참아서 될 일이 아니었다. 몇 번이나 같이 배를 탄 낚시꾼에게 배를 물가로 대자고 할까 망설였지만 낚시도 안 되는 판에 염치없어 말이 참아 안 나왔다.

가만히 보니 배를 댄 논둑을 따라 살살 걸어가면 임집 마당까지 갈 수 있을 것 같다. 용기를 내어 물에 잠긴 논둑을 따라 화장실을 향해 걸어가기 시작했다. 물은 그다지 깊지 않아 장화 목에 찰랑댈 정도였지만, 한번 발을 잘못 디디면 무잡이 논으로 빠질 판이다. 겨우내 물에 잠겨 있다 해동이 된 논둑은 말이 둑이지 자못 물렁팥죽이었다. 조심조심 균형을 잡고 뭍을 향해 조심조심 걸어갔지만 균형을 잡기가 여간 어려운 것이 아니었다. 게다가 조금만 방심해 하체 요부에 힘이 빠지면 금방이라도 와르르 쏟아질 판국이었다.

이삼십 미터밖에 안 되는 논둑길이 얼마나 멀고, 힘들었는지. 천신만고 끝에 뭍에 도착해서 마당을 질러 '오곡윤회의 종착역', 즉 화장실에 도착했다. 역(화장실) 문고리를 잡고 '이젠 됐다'하고, 한숨을 쉬는 순간 정말로 사단이 일어났다. 방심한 탓에 그곳에 힘을 주는 것을 잊어버렸는지, 아니면 그곳 근육도 참는 것이 극한에 달했는지 와르르 소리와 함께 몸이 가벼워졌고, 그 대신 순식간에 속옷이 묵직해졌다. 화장실에 들어가 상황을 살펴보니 한심하기 짝이 없다. 설사가 팬티에 가득 걸쳐져 있다. 한심한 가운데 이때처럼 내 색시가 고집스레 삼각팬티만 사 준 것이 고마워진 적이 없다. 만약 삼각팬티가 아녔다면 하체가 온통 금물로 칠갑을 할 상황이었다.

조심스레 바지를 벗고, 팬티마저 벗어 '오곡윤회지처'에 던져 버리고 뒷수습을 하려니 그곳에는 막말로 신문지 한 조각도 없는 것이 아닌가. 황당한 일이었다. 아무리 곱게 속옷을 벗었다지만 허벅지에는 금물의 흔적이 요란했다. 수건으로 대강 닦기는 했지만 역부족. 생각다 못해 러닝셔츠까지 벗어 수습을 해서 급한 꼴은 모면했다. 낚시고 뭐고 걷어치우고 귀갓길에 올랐다. 뱃속은 시원해졌다지만 여진이 있을 징후도 없지 않고, 오한마저 들기 시작했다. 서울행 직행버스를 타고도 한순간도 마음이 놓이지 않는다. 또 꾸르륵대면 어쩌나, 이웃 승객이 무슨 냄새냐고 코라도 찡긋대면 어쩌나 하고. 고심 고심하는 가운데 이럭저럭 집에 돌아올 수 있었다.

지금도 그때를 생각하면 씁쓸하고, 속말로 닭살이 돋는다. 낚시에서의 무용담은 조우들에게 자랑거리나 되지만, 금당 사건은 혼자만 알기에도 끔직한 일이었다. 두 번 다시 겪고 싶지 않은 사건이다.

그러나 그 사건을 통해 얻은 농담 한마디가 있다. 지금도 누가 '황당'하다는 말을 하면 농조로 말한다.

"자네, 황당과 당황의 차이를 아나? 만약 자네가 설사가 급해 화장실에 급히 가서 일을 보려고 할 때, 그곳에 화장지가 단 한 조각도 없는 것을 알게 되었다면, 그때는 분명 당황할 것이네. 그러나 급한 설사를 처리하고 나서야 화장지가 없다는 것을 알게 되었다면 그때는 황당한 감이 들것이네. '당황'과 '황당'은 같은 사건이라도 인식의 순서가 바뀌었을 경우를 말하네."

그렇다. 그 사건에서 얻은 것이라고는 '황당'한 농담 한마디인 것이다. 사전에도 황당은 '터무니없고 허황한 상태로서 돌이킬 수 없는 상황'이라고 나와 있다. 한자로 보라. 분명 '唐慌'의 '慌'자에는 마음 심 변이 들어 있으나 '荒唐'에는 넋이 빠졌는지 마음심 변(忄)이 없지 않은가.

9. 붕어낚시 예찬

체육관에서 배드민턴을 같이하는 이 선생으로부터 낚시를 다니느냐는 질문을 받고 새벽부터 반바지 바람에 낚시 이야기가 시작됐다. 내가 "낚시 좋아합니다. 시간 나면 다니지요." 다시 이 씨가 재바르게 물어 왔다. 다음은 그 대화이다.

"이 박사는 어디에 잘 갑니까?"

"시간이 있으면 예당저수지에도 가고, 고삼저수지에도 갑니다."

"에이, 시간 버리고 그 먼 데까지 가서 겨우 붕어를 잡습니까?"

"이 선생은 주로 어디에 가시오?"

"서울 근교에 양어장이 많아요. 예당 갈 돈이면 입장료를 내고도 돈이 남고, 시간 절약도 되지요. 그리고 향어가 얼마나 크다고요. 그리고 먹을 것도 많지요."

"호, 큰 것이 나옵니까?"

"그럼요, 큰 것은 자 반 이상에 2, 3킬로짜리도 있어요."

"그럼, 줄이 튼튼해야 되겠네요."

"그럼요. 4호 줄도 약합니다. 5호 줄을 쓰지요. 그래야 옆 사람 낚시에 걸리지 않고 뽑아내지요."

"그래요…, 제 낚시하고는 다르네요."

듣고 보니 체육관에서 아침 운동 삼아 배드민턴을 같이 하는 사람 중 낚시를 다니는 사람이 꽤 여러 명이 되었다. 이 사람, 저 사람이 말참견을 하는 바람에 자리는 중구난방이 되었고, 마침 코트가 비는 바람에 낚시 얘기는 그것으로 중단되었다.

낚시를 배우고 나서 30년이 넘었지만 붕어낚시를 고집해 왔다. 물론 두 자짜리 잉어 소문에 3칸 대에 3호 줄을 달아 파로호에도 다녀 봤고, 둔촌동에 살 때에는 시간이 없다는 핑계를 업고 향어 낚시터인 고골 양어장과 광주, 하남 근교의 양어장에도 다녀 봤다.

그러나 어릴 적부터 손에 익은 붕어낚시와는 어딘지 맛이 다르고 어색하기만 했다. 댐낚시는 붕어 한 마리를 걸어도 당기는 힘이 호소와는 다르고, 드넓은 수면에 파란 물, 수림이 울창한 계곡 등 경치는 분명 절경이다. 그러나 드넓은 수면에 짧은 낚싯대를 드리는 데서 오는 나 자신의 왜소감, 그리고 절벽 귀퉁이에 몸을 붙이고 낚싯대 한번 시원히 휘두르지도 못하는 옹색함, 물론 자리에 따라 다르지만 분명 붕어낚시보다는 거친 낚시다.

댐 낚시도 붕어낚시 위주로 하면 호소낚시와 큰 차이는 없지만 어딘지 모르게 아늑한 저수지의 한유함과 한적함보다는 다분히 전투적인 감이 든다. 마치 물고기와 대결하는 듯한- 이러한 감정은 나 혼자만의 것일는지도 모른다. 짧은 대에 예민한 낚시를 즐기는 내게 댐 낚시는 어울리지 않는 기분이 든다. 댐낚시에서 쑤우욱 솟구쳤다 자빠질 듯 흔들거리는 찌의 움직임, 챔질을 하면 물속으로 솟구치는 당길 심, 분명 호소낚시와는 다른 장쾌함이 있다. 그래서 가끔 바람이 불면 춘천호, 의암호, 파로호를 찾아간다.

그러나 분명한 것은 호소낚시와 같은 아늑함, 정겨움은 느끼지 못한다. 마치 타향에 간 기분이다. 그리고 보면 황토 빛 물이 찬 고향 '보매기'에서 배운 붕어낚시는 내 마음의 고향일는지 모르겠다.

양어장 낚시는 1984년 강동구 둔촌동에 있는 주공아파트로 이사를 가 광주, 하남 근방의 양어장을 몇 번 다니게 되었다. 처음에는 입질을 몰라 빈 바구니였지만 차츰 묘리를 알게 되어 한번 갈 때에 한두 마리씩은 낚게 되었다. 7.5자 대에 자 반짜리 정도의 향어를 걸면 낚싯대 마디가 뽑아지는 삐삐 소리가 나고, 용트림 쓰는 듯한 그 당길 힘은 붕어에 비할 바가 아니었다.

그러나 일단 잡아 놓고 보면 비늘도 없는 흉물스러운 모양이 영 낯설기만 하다. 한번 조행에 45센티미터 급 4마리를 잡아와 아파트 한 단지에 사는 직장 동료들과 향어회 파티를 연 적도 있었지만 내가 잡은 물고기를 먹지 않는 버릇 때문에 향어를 잡아 봤자 쓸모가 없었다. 물론 붕어낚시를 가도 붕어는 동행한 조우가 가져가거나 도로 방생하는 것이 버릇이지만.

향어 낚시가 마음에 들지 않는 점의 하나는 입장료 문제이다. 1984년경에는 입어료가 오천 원 정도였고, 요즘은 이만 원 내지 삼만 원이라고 들었다. 물론 붕어낚시를 가도 양어장 입장료보다 비용이 더 들고, 시간도 더 든다. 그러나 입장료를 내고 들어가서 풀어놓은 고기를 잡는다는 것이 마치 고기를 사 오는 감이 들어 꺼림직해 갈 맘이 들지 않는다.

무엇보다 양어장 향어 낚시가 마음에 들지 않는 것은 낚시터

분위기이다. 나는 조용하고 호젓한 낚시터를 좋아한다. 그러나 양어장의 분위기는 장마당이며 아수라장이다. 그곳에는 심한 말로 조도(釣道)는 차치하고, 인간사의 기본적인 예의도 없다. 향어만 잡힌다면 옆자리에 바싹 끼어들고, 심하면 옆 사람의 찌에 바싹 붙여서 낚싯대를 친다. 옆 사람이 싫어하거나, 눈살을 찌푸리거나 오불관언이다.

막무가내로 고기를 잡겠다고 설치는 그런 사람이 근처에 다가오면 그 날낚시는 영 파장이다. 그런 사람일수록 낚시는 요란하다. 4칸 대, 5칸 대에 굵은 줄로 과장하면 주먹만 한 어분을 굵은 낚시에 달고 텀벙댄다. 향어를 걸면 벌떡 일어나 그대로 오뉴월 복날 개 끌듯 끌어낸다.

씁쓸한 것은 그런 친구일수록 조과가 좋다는 점이다. 좁은 웅덩이에 촘촘히 둘러앉아 하는 낚시라서인지 긴대가 유리하고, 분위기가 부산해지고, 시끄러워지면 내가 하는 짧은 대 낚시는 불리할 수밖에 없다. 부끄러운 일이다. 그런 곳에 앉아 가죽 두꺼운 친구들의 조과를 부러워하다니.

입질이 뜸하면 낚시꾼들 사이에서 웅성거림이 일어난다.

"이 양어장 너무 짜다. 고기 좀 풀어라."

분위기가 이쯤 되면 양어장 관리인도 가만히 있을 수 없다. 가두리에서 향어를 퍼서 조각배로 저수지 주위를 돌면서 보란 듯이 향어를 푼다. 가끔은 내 앞에 바싹 와서 선생 빈 살림망이지요, 하듯 찌 앞에 텀벙 한 마리 던져 준다. 얼굴이 좀 화끈하기도 하고 계면쩍다.

신통하고, 웃기는 것은 오륙 분 후에는 주위에서 "왔다."하는 입질을 전하는 소리와 덤벙대는 소란이 일어나면서, 향어가 다시 잡히고 잡담은 반복된다. 이런 저수지에도 붕어가 없는 것은 아니다. 떡밥을 미끼로 쓰면 잘 생긴 붕어가 곧잘 나오기도 한다. 그러나 붕어가 잡히면 향어꾼들은 눈살을 찌푸리고, 재수 없다는 말과 함께 도로 물에 집어던지기도 한다. 마치 붕어낚시터에서 똥꼬 취급이다. 또 나 같은 사람이 붕어만 잡고 있으면 가소롭다는 보기도 한다.

"선생, 비싼 입장료 내고 거 무슨 짓이요." 하는 듯이.

서울 근교의 양어장 터도 전에는 한적한 시골이었을 것이다. 이제는 도시화에 따라 농업용 수원으로 쓰이던 저수지가 상업화된 낚시터가 되었다. 좁은 터에 물갈이도 하지 않고 가두리에 향어를 기르고, 낚시를 하다 보니 물이 맑을 수가 없다. 게다가 인근 축사와 인가에서 오수는 흘러들고. 물빛이 철 빛이다. 이상한 냄새도 나고. 물만 보면 정나미가 떨어지고 양어장에 다시 올 생각이 나지 않는다. 그런 곳에서 잡은 향어를 맛있다고 먹는 것이 껄적지근하지도 않는지.

어쨌든 내가 즐기는 낚시는 잉어낚시도 아니고, 향어낚시도 아닌 붕어낚시다. 비록 잉어나 향어처럼 엄청난 대물도 아니지만 한 마리 한 마리 잔 붕어를 낚을 때마다 즐겁기만 하다. 낚시를 끝낼 때면 살림망을 들어 보고 혼자 흐뭇해하고, 도로 좌르르 호수에 쏟아 준다. 만약 큰 잉어가 잡히면 도로 살려주기가 아까울는지도 모른다. 그러나 부담 없이 같이 즐기고, 도로 돌려보내는 것도 낚시의 재미가 아닐까.

내가 주로 가는 낚시터는 경치가 좋은 댐도 강변도 아니고, 도시의 잡답이 뒤섞인 근교 양어장은 더더욱 아니다. 내가 좋아하는 곳은 황토 빛 어린 호수, 조그만 저수지다. 댐낚시를 전문으로 다니는 이 선배는 매번 나를 보고 말한다.

"낚시는 뭐라 해도 댐이지, 어디 저수지는 물이 더러워 낚시를 하겠나. 그리고 경치야 파로호, 춘천댐이 그만이고 한 마리를 잡아도 역시 큰 물 고기가 아닌가."

선배의 고향은 가평군 설악면이다. 어릴 때부터 아마 청평 호반을 보며 자란 탓인지 모른다. 나는 경기도 김포군 검단면 마전리 내 고향에 있는 황토 빛 소류지에서 낚시를 배웠다. 넓은 댐이나, 강변보다 자그마한 저수지가 오히려 낚시하는 것이 마음이 편하다. 댐에 가면 드넓은 호반에 푸른 물, 그리고 멀리 보이는 원산의 송림, 이 아름다움에 몸과 마음이 청산녹수에 젖어 드는 것은 사실이다. 그러나 낚시 자체까지 무르녹는 것은 아니다.

조그만 웅덩이에서 짧은 대로 코앞의 수면을 응시하는 것이 차라리 마음이 편하다. 수면에 이는 잔물결, 황토 빛 물 위에 떠 있는 수련 잎, 수초 사이를 미끄러지는 소금쟁이, 가을이면 찌 위에 살포시 앉았다 가는 고추잠자리. 이 모든 것이 낚시와 어우러져 내게 다가올 때 비로소 나는 낚시에 젖어들 수 있는 것이다.

나는 본시 대어 낚시꾼이 아니다. 한 자, 두 짜리 잉어도 바라지 않고, 잡은 고기를 먹지도 않는 버릇 때문인지 메기, 빠가(동자개)도 원치 않는다. 다만 살짝 올라오는 찌, 그리고 수면에서 파닥이며 내게 다가오는 조그마한 붕어가 반갑다. 그리고 홀로 수면을 응시하며 물가에 앉아 물소리, 바람소리를 들다가 나도 모르게 잡아챈 낚싯대에 마주 오는 붕어의 퍼득임에 몸과 마음이 녹아들 때 비로소 낚시를 한다는 행복에 젖는다.

고인이 되신 최태호(崔台鎬) 선생은 '낚시와 인생'(1978, 汎友社)이라는 수필집에서 붕어낚시를 예찬하며 '조선일여(釣禪一如)' 라고 표현하였다. 나 자신 이 말에 상당히 공감한다. 그리고 최 선생은 낚시의 맛을 어종 별로 구분하여,

"둔중하게 끌려오는 메기를 시골 막걸리집 작부(酌婦)에 비한다면, 날쌔게 잡아나꾸는 끄리는 빠의 여급처럼 천박하고, 부드럽고 우아한 붕어는 흡사 고전(古典)을 추는 무기(舞妓)의 손을 잡는 풍미가 있다."

고 예스러운 말투로 고전스럽게 표현하였다.

내 자신의 낚시가 선의 경지라고 감히 말할 수는 없다. 그러나 세상의 잡답과 고민을 잊고 수변에 앉아 있을 때 나는 망아의 경지에 가까이 있다는 느낌을 받는다. 내가 하는 붕어낚시는 대어를 대상으로 하지 않기 때문에 어신에 크게 흥분하지도 않는다. 그리고 양어장 향어낚시처럼 빈 살림망을 볼 때 떠오를 수도 있는 본전(?) 생각도 없다. 따라서 어신에 따라 큰 흥분도, 조바심도, 조과에 대한 욕심도 크게 없다. 어쩌면 스릴도 없고, 어신에 따른 일희일비도 없는 남이 보면 무미한 낚시일는지 모른다.

내가 낚시에서 가장 중요하게 생각하는 것은 '과정'이다. 집에서 떠나 수변까지의 행정, 낚시터에 이르러 자리를 잡고 받침대를

어울리게 꽂아 대를 고르게 폈을 때의 모양, 찌를 맞추고 손목의 힘이 바람에 조화되어 목적한 곳에 낚시가 들어갔을 때의 충족감. 찌가 수면에서 사르르 떨며 일어나 자리를 잡을 때의 모양, 그리고 어신에 따라 나도 모르게 살짝 든 낚싯대에 다가오는 파동. 그리고 수면을 가르며 내게 다가오는 붕어.

이러한 모든 과정을 내게 줄 수 있는 것이 바로 붕어낚시이다. 달래듯 끌어온 붕어를 손에 잡았을 때 약간 미끈한 감촉, 대를 제자리에 돌리고 살림망에 퐁당 붕어를 놓을 때의 소리. 그리고 반복되는 과정. 이러한 과정을 내게 주는 것이 바로 붕어다. 그래서 나는 붕어낚시를 사랑하고, 붕어를 좋아한다.

요즘 견지낚시에 전념하다 보니 붕어낚시가 좀 소홀해 졌다. 오랜만에 저수지에 가서 낚싯대를 펼쳐보았다. 조용한 호수, 바람소리, 새소리가 들려오는 그 한유한 맛은 견지와 다른 정취를 전해준다. 그저 가만히 앉아 있어도 즐거운 시간이었다.

2012년 5월 24일, 음성 마이제 모란지

10. 막가파 낚시

낚시는 자연과 합일하는 좋은 취미이자 도락이며 스포츠이다. 낚시를 좋아하는 사람 중에는 취미 차원을 넘어 생활의 일부가 되어 있고, '낚시는 내 신앙'이라고 공언하는 사람도 있다. 그러나 이러한 주관과 평가는 어디까지나 인간 중심의, 또 낚시꾼 중심의 일방적인 수사에 불과한 점이 있다. 혹자는 말한다. 자연을 사랑하는 사람이 어찌 자연의 일부인 물고기를 학대하느냐고.

낚시를 보는 시각도 여러 가지이다. 입이 험한 후배 P박사는 내게 험구를 한다.

"이 선배의 낚시는 고상한 선비의 취미가 아니라 막가파 '낚시질'이요."

막가파는 세상에 불만을 품고 사람들을 여러 십 명 살해한 흉악한 집단이다. 별다른 원한이나 목적도 없이 마음 내키는 대로 살인을 한 것이다. 후배의 논지는 낚시꾼이 붕어에 아무런 원한이 없는데도 일방적으로 가학 행위는 한다는 것이다. 자기의 즐거움을 위해 아무런 죄 없는 물고기를 희생시킨다는 것이다. 그러면서도 자연을 사랑하느니 어쩌니 운운하는 것은 막가파보다도 더 죄질이 나쁜 면이 있다고 꼬집는다.

이쯤 되면 대응이 좀 옹색해진다. 내가 잡은 물고기는 도로 자연으로 돌려 보내주고, 또 물고기에게 일용할 먹이를 미끼로 주는 좋은 점도 있다고 강변해 본다. 바로 대답이 온다.

"고작 구더기 몇 알 얻어먹으려고 물고기는 주둥이가 빠지게 수십 분 고생을 하는 것 아니요? 얼마나 아팠을까? 선배가 모이 주지 않아도 물고기는 잘 살아요."

물고기는 감각기관이 무뎌 아픔을 인식하지 못하고 있고, 또 기억력이라는 것이 없어 고통도 없다고 강변해 본다. 그러면 곧바로 질문이 온다.

"물고기가 고통이 없는지 선배가 어떻게 알아요? 선배 입에 바늘을 걸고 당기면 아플 것 아니요?"

이쯤 되면 약도 오르고 감정이 앞선다. 그리고 말끝마다 낚시가 아니라 '낚시질'이라고 표현하는 말꼬리를 잡아 본다. 어찌 존경하는 선배의 좋은 취미를 상스럽게 '질'로 모냐고. '질'이란 말은 좋지 않은 행위를 할 때 붙는 어휘이지 좋은 취미에 어찌 질이란 말을 쓰냐고. 곧 반응이 온다.

"'질'이란 말은 같은 행위를 반복하는 데 붙는 것이지요. 나쁜 말 아닙니다. 서방질, 도둑질, 노름질....."

게다가 한술 더 떠서,

"선배님 돌아가셔서 인과응보를 받는다면 붕어지옥, 누치지옥에 가서 물고기에게 괴롭힘 당할 게요."

이쯤 되면 더 대화를 계속할 마음이 없어 선배 권위로 눌러버리는 좀 치사한 행위가 나올 수밖에 없다.

"알았다. 허지만 난 붕어지옥, 누치지옥에는 안 갈 것이다. 물고기를 죽이거나, 먹은 적 없어!"

잡은 물고기를 먹지 않기 때문에 평생 내가 먹은 물고기는 10여 마리도 안 될 것이다. 그러나 물고기를 잡았다가 놓아주는 과정에서 상처를 입은 물고기도 많을 것이고, 또 죽은 물고기도 상당할 것이다. 그리고 이 험구가가 모르는 점이 있다. 생미끼를 쓰는 견지낚시를 하다보니 내가 30년간 물속에 넣은 구더기의 양을 실로 어마어마할 것이다.

인과응보가 있다면 훗날 지렁이지옥, 구더기지옥에 빠지는 것은 아닐까?

11. 미끼 신토불이

어렸을 때 붕어낚시를 가려면 우선 두엄더미를 뒤져 지렁이를 잡아야 했다. 대학교에 들어가서 떡밥낚시를 제대로 배우게 되었고 수원·평택 등지에서 성행하던 우동미끼 쓰는 법도 배웠다. 지렁이와 떡밥은 붕어낚시의 기본 미끼이다.

생미끼인 지렁이와 식물성 미끼인 떡밥 중 어느 것이 붕어낚시에 잘 듣는가는 말하기 어렵다. 저수지에 따라, 계절에 따라, 그리고 물 빛깔에 따라 그때그때 잘 듣는 미끼가 있기 때문이다. 떡밥에 입질은 잦지만 씨알이 잔 데, 지렁이는 의외로 대어가 찾아오기도 한다. 그래서 낚시를 가려면 두 가지 모두 준비하는 수밖에 없다.

지렁이는 산 것이라서 바늘에 끼우기가 번거롭다. 밤낚시를 할 때 숙달된 낚시꾼은 불빛 없이도 감각으로 떡밥을 바늘에 달 수 있지만, 살아서 꿈틀대는 지렁이는 좀 고생스럽다. 입질도 차이가 있다. 붕어가 지렁이를 먹을 때에는 찌를 끌고 들어가기도 하고 밀어 올리기도 하는 등 입질이 불규칙하고 깨끗하지 않다. 게다가 피라미라도 붙는 날에는 헛챔질이 잦다.

반면, 떡밥낚시는 입질이 고르고 정형화되어 있다. 붕어 입질이 잦은 날에는 찌가 깜박하고 약간 들어가는 예비입질을 보이다, 붕어가 떡밥을 빨아먹고 뜨면 찌는 천천히 솟구치게 마련이다. 특히 밤낚시에서 점잖은 떡밥 입질을 붕어낚시 묘미의 극치로 화룡점정을 이룬다. 대체로 조력이 오래되고 붕어낚시의 미묘한 찌 올림을 즐기는 사람은 떡밥을 선호한다.

떡밥낚시는 과연 우리 재래 낚시법인가? 옛 낚시꾼들이 쓰는 미끼는 무엇이었을까?

서유구(徐有榘, 1764~1845)가 쓴 『임원경제지(林園經濟志)』 전어지(佃漁志)의 붕어낚시법(釣鯽法)에도 "일반적으로 붕어를 낚을 때에는 반드시 깻묵으로 미끼를 쓴다. 깻묵이 아니면 물고기를 낚을 수 없다(凡釣鯽, 必用麻粃爲餌. 非此則不上釣.)." 라고 하였다. 옛날부터 붕어낚시 미끼로는 깻묵이 특효였건 것이다.

1942년에 일본에서 발간된 「조기백과」[1]에는 당시 한국의 붕어낚시가 소개되어 있다. 지금부터 약 70년 전의 우리 붕어낚시와 미끼 사용 모습이다.

"조선에서는 특히 경성을 중심으로 낚시가 융성한 것이 경탄할 정도이며, 낚시꾼이라면 99%는 붕어낚시를 한다고 할 정도이다. 한강, 임진강 유역에 붕어가 무진장이라 말할 수 있을 정도로 자원이 풍부하다.

대는 한 대나 두 대. 길이는 3칸(5.4m)에서 3칸 반(6.4m)의 긴

---

1 일본의 낚시 칼럼니스트 마쓰자키 메이지(松崎明治)가 쓰고 아사히신문사에서 1942년에 발간된 낚시교본으로 한국의 여러 가지 낚시 방법이 소개되어 있다.

대를 사용하는 경향이 많다. 미끼는 반죽미끼(떡밥?)를 우동에 버무려 쓰며, 투입 후 3분 내지 5분 후에 완전히 풀어질 정도가 좋다. 술 또는 막걸리를 소량 넣어 개는 것이 여름에 미끼가 상하는 것을 막는 효과도 있어 많이 사용되고 있다. 이른 봄, 늦은 가을 또는 북동풍이 부는 날 바닥물이 찰 경우 지렁이도 쓴다.

처음 반죽미끼는 가능한 한 부드럽게 개서 자주 넣으며 1, 2분에 풀어져 밑밥 효과를 겸하도록 한다. 지렁이를 사용할 때에는 추에 반죽미끼를 묻혀 넣어 밑밥으로 쓴다. 밑밥을 별도로 쓰는 것은 비경제적일 뿐만 아니라 정확한 곳에 투입하는 것이 곤란한 위에 붕어가 밑밥에만 몰리는 역효과를 보일 때가 많다. 밑밥은 가능한 한 쓰지 않는 것이 좋다. 입질이 오기 시작하면 미끼를 조금 굳게, 그리고 작게 쓰는 것이 어신이 정확하고 챔질이 잘 된다(京城, 梅林卯三郎氏 寄稿, '朝鮮の鮒釣', 「조기백과」 837~838쪽)."

이상 내용을 보면 떡밥이라고 명기되어 있지는 않지만 1930년대에도 붕어낚시에 반죽미끼를 쓰는 것이 주류이며, 지렁이는 특수한 시기의 미끼였다. 그리고 떡밥 사용법도 현재와 그다지 차이가 없다. 다만 미끼 반죽에 술을 쓰는 것은 이채롭고, 또 낚시 봉에 떡밥을 묻혀 밑밥으로 주는 방법은 지금은 안 보인다.

당시 서울에서 우동 미끼를 썼다지만 내 경우 서울의 낚시점에서 우동 미끼를 본 적은 없다. 다만 1960년대 수원·평택 지역에서 붕어낚시 미끼로 우동을 쓰기는 했다. 낚시점에는 자배기에 우동 국수발을 굵다랗게 뽑아 물에 담아 놓았었다. 낚시꾼이 찾으면 통

퉁 풀은 우동을 한줌 집어 신문지에 놓고, 들깻묵가루를 뿌려 싸 주었다. 우동 한 가닥을 집어 낚싯줄로 살짝 그어 미끼로 쓸 만큼 잘라 바늘에 살짝 끼워 던지면 붕어가 얌전스레 찌를 올려 준다.

우동 미끼는 오래되면 쉬어 냄새가 나지만, 붕어님은 가리지 않았다. 그러나 수원·평택 지역을 벗어나면 우동은 효과가 적었다. 음성군 삼성저수지에서 중국집에 부탁해서 우동 발을 굵게 뽑아 시험해 보았지만 전혀 효과가 없었다. 그 지역에서 흔히 쓰는 미끼가 아니기 때문인지도 모른다.

들깻묵 가루가 주원료인 떡밥은 어디를 가나 잘 듣는다. 붕어 낚시꾼은 떡밥 종류에도 관심이 많지만, 특히 떡밥을 개는 정도에도 신경을 쓴다. 떡밥이 가능한 한 말랑말랑하고, 부드러워 물속에서 빨리 풀려야 입질이 빨리 오고 깨끗하다. 따라서 쉽게 개어지고, 잘 풀리는 떡밥이 인기가 있다.

1991년 일본 교토대학에 연수를 가 있을 때다. 연구실 근처 열대농업연구소 연못에 잉어가 많았다. 점심시간이면 연못가를 산책하며, 잉어 구경을 했다. 하루는 연못가에서 잉어가 노는 것을 보며 있으려니 나무 밑에 있는 비닐 봉투에 식빵 쪼가리가 들어 있다. 빵조각을 꺼내 잉어에 던져 주며 먹는 것을 보고 있을 때다. 나보다 두세 살 많아 보이는 일본인이 다가와 웃는 얼굴로 쳐다본다. 미나미(南)이라는 사람으로 식빵의 주인이었다. 그 사람도 낚시를 좋아한다며 잉어모이를 같이 주면서 난데없이 '한일낚시론'이 전개되었다.

말하자면 낚시꾼다운 '허풍' 시합이 벌어진 것이다. 1회전은 붕어낚시였다. 조력과 대어 기록을 자랑하고, 하루에 잡은 마리 기록을 서로 자랑하였다. 그러다 미끼인 떡밥으로 이야기가 번졌다.

내가 물었다.

"미나미 씨, 그럼 떡밥은 어느 정도로 개십니까?"

그랬더니 그 분 자신 있게 자기의 귀 볼을 만지면서,

"이 정도는 되어야지요."

내가 다그쳤다.

"너무 굳지 않을까요? 내 경우 더 연하게, 바늘에 겨우 붙어 있을 정도로 갭니다." 그랬더니 그 사람 할 말이 없는지,

"선생이야말로 조사(釣り師)이시군요."

하고, 싹싹하게 승복하는 것이다.

그러더니 자기는 붕어낚시도 즐기지만 실은 바다낚시, 그것도 도미낚시가 전문이란다. 도미는 예민해서 줄이 굵으면 알아보고 입질을 않는다나. 그래서 자기는 가는 1호 줄만 쓰며, 그것도 고운 황토를 물에 풀어 도미가 줄을 알아보지 못하도록 신경을 쓴다고 한다. 1호 줄에 한 자 이상 되는 도미가 물면 그 힘은 엄청나다나. 바다낚시를 경험이 없는 나로서는 '쓰리시' 명칭을 반납할 수밖에 없었다. 어쨌든 한일 낚시설전은 1대 1 무승부로 끝났다.

영인 저수지에서 밤낚시를 하고 있을 때다. 이날따라 붕어 입질이 깨끗해서 찌를 보기 좋게 올려 준다. 이웃 좌대에 있는 조사가 흥이 나는 모양이다. 딴 좌대에 있는 친구에게 소리친다. "낚시는 떡밥낚시라야지, 붕어 잡으려면 떡밥 아끼지 마라!" 동감이었다.

낚시를 던지면 찌가 서기 무섭게 입질이 온다. 입질이 없으면 빨리 다시 떡밥을 달아 던져야 한다. 떡밥이 들어가도 입질이 없으면 그 떡밥은 떨어졌거나, 붕어가 잡수신 것이다. 부지런히 미끼를 갈아 줄 수밖에. 그러고, 붕어는 계속 잡히고.

전국 어느 낚시터를 가든 지렁이와 떡밥은 미끼로서 무난하다. 그러나 꼭은 아니다. 1982년도 5월 연구원 같은 실의 전원이 현지 조사출장 중 외도로 낚시를 한 적이 있다. 장소는 경상북도 월성군에 있는 아화저수지였다. 마침 붕어가 늦은 산란을 하는지 밤새도록 붕어 뛰는 소리는 사면에서 들리는데 떡밥에 입질이 전혀 없다.

아무래도 지렁이 미끼가 떡밥보다 나을 것 같은데 준비한 것이 없다. 만만한 것이 홍어 무엇이라고 후배인 이 군을 지렁이를 구해 오라고 특파하였다. 한 시간여 후에 이 인사가 지렁이는 못 구하고 신문지에 싼 보리밥 한 뭉치를 얻어 왔다. 그런데 웬일인가. 통보리 밥알을 낚싯바늘에 끼워 던지자마자 찌가 쑤우욱 올라오는 것이 아닌가. 보리밥이 특효 미끼였다.

알고 보니 그 지역 주민은 보리밥을 붕어낚시 미끼로 옛날부터 써 왔다는 것이다. 말랑말랑한 떡밥을 구경하지 못한 정말 시골붕어를 만난 것이다. 시골 분들이 잠시 소일로 낚시를 하는 데 별다른 미끼가 필요하겠는가. 보리밥알에도 붕어가 잘 잡히니 말이다.

아마도 그 지역 사람이 항시 쓰는 미끼가 그 낚시터에서 좋은 미끼인 것이다. 보리밥에 길든 붕어는 보리밥이라야 한다. 보리밥 미끼는 떡밥보다 더 연원이 오래 된 향토색 짙은 미끼로 보인다. 그러니 속담에 '보리밥알로 잉어를 낚는다'는 이야기도 있지 않은가.

요즘 우동이나, 보리밥알을 미끼로 쓰는 낚시꾼은 볼 수 없다. 전국 어디를 가나 떡밥이 잘 듣는다. 그만큼 붕어 입맛을 버려 논 모양이다. 게다가 요즘에는 일제 떡밥까지 횡행하고 있다. '우리 미끼라야 우리 물고기가 먹는다(餌土不二)'는 말도 흘러간 옛 이야기가 된 것이다.

12. 낚시 漢詩, 한 수를 지어보다

어릴 적부터 낚시와 한시를 좋아했다. 서당개 삼년이면 풍월을 읊는다고, 어쩌다 보니 낚시 한시를 짓게 되었다. 가을철 저수지에서 낚시를 하는 소회를 한자를 빌어 적어 본 것이다.

< 예당에서 밤에 낚시하다>

서늘한 바람에 은빛물결 잔잔히 일고,
달빛에 가을 물은 영롱하게 반짝인다.
매어 놓은 배는 절로 오르락내리락,
건너 편 대안에는 낚시 불빛이 별처럼 반짝이네.

바람이 스치면 갈대 잎은 노래 부르듯 속삭이고,
한밤 물새 소리는 어둠 속에서 들려오네.
외로운 산봉우리에는 그믐달만 외로이 걸렸는데,
물안개 속에 먼 산은 짙게 그림자 드리웠다.

이슬을 밟으며 낚시터에 올라서,
싸늘한 밤 홀로 낚시를 드리우다.

강호의 밤은 적적하기만 하고,
이 밤이 새려면 아직도 한참이구나.

<禮唐夜釣 三首>

涼風起銀波, 秋水月瓏玲. 繫舟自沿洄, 對岸漁火星.

風吹蘆花歌, 暗飛海鳥鳴. 孤峰有殘月, 煙霧遠山盈.

踏露登釣臺, 寒夜獨垂釣. 江湖渾寂寞, 此夜猶餘長.

1991년 1년여 홀로 외국에 머무를 때, 가족 생각, 고향 생각 사이로 문득문득 떠오르는 낚시터 생각에 써 본 한시이다. 부족한 줄 알지만 한자의 함축된 자의를 빌려 장황한 풍경을 정리해 봄에 불과하다고 변명해 본다.

어릴 적부터 읽어 왔던 당시를 흉내 내어 자주 다니던 예당 낚시터의 모습을 오언으로 써 본 것이고 제(題)하여 '예당야조(禮唐夜釣)'라고 하다. 평측도 무시한 오언시지만 고체시 형태라 우겨 보는 것이다.

수변에 홀로 낚싯대를 드리고 물과 대기에 젖어 있으면 고요히 다가오는 풍광이 있다. 더욱 마음에 느껴운 것은 보이지 않으면서 들리는, 아니 느껴지기만 하는 것들이다. 그믐밤, 게다가 먹장 같은 구름이 깔려 있으면 수변은 원근의 감도 느끼기 어렵다. 아득히 먼 곳에서 무엇인가 들리는 듯하며, 먼 동네 인기척이 가깝게도 느껴진다. 이른 여름이면 개구리의 합창이 시작된다. 한 마리가 선창하면 하나 둘, 떼 지어 우는 소리가 지척까지 퍼지다가 무엇에 놀란 듯 뚝 그친다. 그리고 바람이 살짝 스쳐간다.

여름이 깊어지면 뜸부기 소리가 논 가운데서 들려 마음을 어릴 적으로 보내 준다. 소쩍새, 비둘기 우는 소리도 들린다. 구슬픈 소리에 공연히 감상에 젖어 문득문득 잊었던 사람을 떠올린다. 그러다 풍덩, 물고기 뛰는 소리에 마음은 물가로 다시 돌아온다.

가을이 되면 어둠 속에서 날으는 물새 울음에 깊어 가는 계절이 몸과 마음에 스며든다. 바람소리는 더욱 높아지고, 길게 부는 바람소리의 끝을 잡아 보면 건너 편 검은 솔밭 바람임을 알 수 있다. 물새 소리가 들리면 홀로 가는 황새인지, 먼 길에 ㄱ자를 그리는 기러긴지 생각해 본다.

가을이 깊어지면 겨울새의 울음소리가 크게 울려오고, 메마른 갈대 잎은 서로 비비며 노래 부르는 듯하다. 한여름의 풍성함도 이제는 스러지고 수변의 밤은 적적하기만 하다. 차디찬 자연 속에서 느껴지던 모든 것들도 다시는 똑 같이 내게 다가오지는 않으리라. 차가운 계절, 쓸쓸한 밤이 새기를 홀로 기다리며 바람이 불어주는 휘파람 소리에 젖으니 적막하지 아니한가.

나이가 들수록 번잡한 일상사로 자주 낚시터에는 가지 못하지만, 마음은 항상 물가에 논다. 그리고 물가의 모습이 더욱 살갑게 다가오고, 왠지 잊혀 가는 것 같아 아쉬워진다. 그리고 내가 느끼고, 잠겨 보았던 그 모습들이 다시는 내게 돌아오지 않을 것 같은 마음마저 든다.

이러한 불안감은 나이가 들수록 심해지고 있다. 눈을 감아도 물가의 그 모습은 보이고, 보이지 않는 풍경은 귓가에 들려온다. 그러나 그러한 것이 이미 스쳐 지나가 버린 것이고, 우연한 긴 잠을 깨어 보면 모든 것이 없어져 버릴 것이라는 생각마저 든다. 언제까지 낚시터에서 그것들을 볼 수 있을까. 부질없는 망상에 강잉히 되지 않은 생각이라고 자조하지만 이 역시 나이 탓일까.

예당저수지의 밤, 2004년 5월

13. 낚시하는 하루

낚시꾼을 태운 도선(渡船)은 통통대는 모터 소리를 내며 후미진 깊은 골에 놓인 11번 좌대로 향한다. 배를 모는 연변 아저씨는 마름이 무성한 상류의 자리를 권하지만 굳이 구석지고 후미진 자리를 고집한다. 조황은 떨어질지라도 다른 좌대와 멀리 떨어져 호젓한 낚시가 가능한 때문이다. 또 수심이 깊어 가끔 출몰하는 2자 내외의 대물 잉어를 만나는 놀람도 맛볼 수 있기도 하다.

좌대에 도착해서 낚시꾼은 자리를 살펴본다. 좌대는 수심 3m 정도 되는 곳에 연안을 바라보며 놓여 있다. 앞쪽으로는 마름이 무성하게 수면을 덮고 있다. 멋진 자리지만 결점이 없는 것은 아니다. 깊은 곳에서 얕은 곳을 바라보며 낚싯대를 펼쳐야 한다. 허나, 바닥이 평평한 곳이라서 채비가 들어서는 마름 바로 앞보다 좌대 쪽이 10cm 정도 깊은 정도이다. 이 정도라면 빼곡한 마름 속에 숨어 있는 붕어들을 만나 볼 수 있을 것이다.

좌대는 넓어 잠자리 움막 앞쪽과 옆쪽으로 4명 정도 앉을 자리가 있다. 꾼은 마름 밭을 정면으로 하는 동향 자리를 선택한다. 햇빛도 덜 비치려니와 한밤에 부는 바람도 타지 않는 자리다. 낚시꾼은 동향 2자리 중 어느 곳에 자리 잡을까 망설인다. 왼쪽자리는 수초가 무성해서 2칸에서 2.7칸 정도이고, 오른쪽은 3.2칸 정도가 된다. 왼쪽 자리는 마름 속 붕어가 나와 놀기 좋아 마릿수는 오른쪽보다 나을 것이다. 오른쪽은 수심이 좀 깊고 잉어가 잘 다니는 곳이다. 올 들어 벌써 10여 차례 이곳에서 경험한 바다.

꾼은 오른쪽에 자리 잡고 낚시 준비를 한다. 받침대를 꺼내 펴 놓고 낚싯대를 골라본다. 우선 2.5칸 대, 2.7칸 대, 2.9칸 대, 3.2칸 대의 넉 대를 펴기로 한다. 왼쪽에 짧은 대를 펴고 오른쪽으로 긴 대를 배치할 것이다. 밤에는 낚싯대 한 대를 거두고 3대만 쓸 생각이다. 우선 찌맞춤을 확인한다. 지난번에 같은 자리에서 낚시를 했으니 찌는 잘 맞을 것이다. 그러나 혹시 하는 마음에 찌맞춤을 재확인하고 또 필요하다면 미세 조정을 하기 위해서다. 짧은 대의 찌는 추의 무게와 찌 부력이 균형을 이루어 찌톱이 수면에 보일락 말락 한다. 이렇다면 추는 수중에 떠 있고 물속 바닥에 바늘만 닿아 있을 것이다. 찌의 예민성을 높이기 위한 맞춤이다. 긴 대는 찌가 아주 느린 속도로 잠길 정도의 찌맞춤이다. 바늘과 추가 거의 다 바닥에 닿을 정도여서 찌의 예민성은 떨어지나, 입질이 오면 찌가 크게 움직일 수 있다. 이 저수지에 있는 붕어는 토종이기 때문에 지나치게 예민하게 찌를 맞출 것까지는 없을 것이다. 찌맞춤을 끝내고 수심에 따라 찌 높이를 조정한다. 이제 낚싯대 4대 모두 찌의 톱 부분만 내놓고 채비가 물속에 안착했다.

이제 미끼를 준비할 시간이다. 준비한 미끼는 '구르텐'과 신장떡밥이다. 낚시꾼은 식물성 미끼를 선호한다. 지렁이나 새우와 같은 동물성 미끼도 쓸모가 있지만, 피라미나 참붕어 등의 입질이 잦아 그리 즐기지 않는다. 낚시꾼은 처음 떡밥을 쓸 때를 생각해 본다. 누런 편지봉투에 담겼던 떡밥이란 것이 발전해서 토끼표, 곰표 등등 여러 가지 방앗간표 떡밥이 있었다. 그러던 것이 요즘에는 일본서 개발된 섬유질 계통의 떡밥이 판을 치고 있다. 깻묵이 주재료인 신장떡밥이란 상표가 깻묵 떡밥의 명맥을 잇고 있는 것이 다행이다. 구루텐은 일본에서 개발된 미끼로 감자, 밀 등 식물에서 추출된 불용성단백질이 주재료이다. 원 발음은 글루텐(Gluten)일 것이다. 밑밥용, 미끼용 등 여러 가지 상품이 있고, 딸기 향, 바닐라 향 등 여러 가미 제품이 있어 선택이 어려울 지경이다. 거기다가 아쿠아텍 등 모르는 상표도 있어 늙은 낚시꾼은 습관적으로 백색 '구르텐'을 준비할 뿐이다.

짧은 대에는 구르텐을 달고, 긴 대에는 깻묵 성분의 떡밥을 단다. 짧은 대는 두 바늘 채비이고, 3.2칸 대만 세 바늘 채비이다. 혹시나 잉어가 입질해 주기를 기대해서이다. 미끼를 달고 찌가 제대로 서는 것을 확인하고는 두서너 번 헛챔질을 해서 밑밥을 대신한다. 그리고 다시 미끼를 달아 붕어의 입질을 기다린다.

이럭저럭 낚시 준비에 시간이 꽤 지났다. 2.5칸 대에 입질이 왔다. 찌가 꼬물대더니 쑤욱 천천히 솟아오른다. 전형적인 토종붕어의 입질이다. 5치 정도에 불과한 작은 붕어지만 입질은 시원했다. 요즘 낚시터는 떡붕어 투성이다. 빨리 자라는 어종이라선지 낚시터마다 떡붕어 치어를 방류하고 있다. 입질이 짧고 방정맞아 낚시꾼은 그리 달가워하지 않는다. 낚시꾼이 이 호수를 자주 찾는 이유도 토종 일색의 붕어만 잡힌다는 점도 있다. 붕어는 역시 토종이라야 찌를 쑤욱 올리는 붕어낚시의 제맛을 즐길 수 있다고 꾼은 생각한다.

다시 입질이 온다. 역시 잔 붕어다. 꾼은 의자에서 일어나 주위를 살펴본다. 빼곡한 마름에 바람으로 일렁거리던 잔물결도 잠자고 건너편 연안에 보이는 물버들도 정겹다. 산비들기 울음이 들려온다. 여름까지 들려오던 꾀꼬리, 뻐꾸기 소리는 들리지 않는다. '왜액, 왝' 하고 왜가리 울음이 들려온다. 큰 날개를 퍼덕이며 수면에 그림자를 드리우며 물가 나무위로 날아든다. 낚시꾼은 다시 의자에 앉아 찌를 응시한다.

찌가 천천히 솟구친다. 얼른 대를 잡아챈다. 제법 반응이 강하다. 그러더니 곧 힘이 떨어져 앞으로 끌려온다. 여섯 치는 넘고 일곱 치는 안 되는 놈이다. 그래도 찌는 시원스럽게 올려줬다. 낚시꾼은 생각한다. 요즘 찌는 참 예민하고 또 어신을 알기도 쉬워졌어. 낚시를 처음 하던 그 시절에는 나무로 만든 통 찌를 썼었지. 나무로 만든 찌에 거칠게 붉고 검은 페인트칠을 한 찌였다. 통 찌는 어신에 둔하고 햇빛이 반대쪽에서 비치면 그늘이 져서 어신 포착이 어려웠다. 요즘 찌는 톱 부분이 1mm 이하의 카본 막대인데도 찌가 선명하게 잘도 보인다. 역광에서도 별 문제가 없다. 찌에 칠한 붉고, 푸른 형광도료 때문이다. 그런데 찌가 예민해진 만큼 조과가 많아지진 않았다. 전에는 막대찌를 가지고도 붕어를 참 많이도 잡았는데.

다시 붕어 입질이 온다. 찌가 쑤욱 올라섰다가 모로 누우려고 한다. 천천히 대를 들어 챔질을 한다. 역시 고만고만한 붕어이다.

몇 마리 잡는 동안 어느 새 해가 기울기 시작해서 낚시터에는 그늘이 지기 시작한다. 잔잔한 수면, 그리고 주위에서 들리는 새소리. 조용해서인지 물속의 마름에서 찍찍하는 소리까지 들린다. 열매가 터지는 것일까, 마름이 자라는 소리일가? 낚시터는 한적하고 정적에 잠겨 있다. 낚시꾼이 제일 좋아하는 시간이다. 여유롭고, 한유하고, 조용해서 혼자 즐기기에 좋은 시간이다. 그는 이 시간을 사랑한다. 이 분위기를 맛보려고 낚시터를 찾는지도 모른다.

호수가 어둑해지기 시작한다. 땅거미가 지는가 싶더니 바로 어둠이 다가온다. 낚시꾼은 케미를 꺾어 찌불을 밝히고 밤낚시 준비를 한다. 케미, 케미 하지만 케미컬 라이트의 준말일 것이다. 낚시꾼이 케미를 처음 만난 것은 1980년경으로 기억한다. 그 전에는 찌에 흰색 야광테이프를 서너 줄 두르고, 칸델라 불을 키고 찌에 비치는 반사를 보고 낚시를 했다. 카바이트에 물이 들어가면 산소가 발생하는 원리로 대롱 끝에 반사경을 달고 불을 키는 것이다. 꽤 밝았다. 불에 반사된 흰색 야광테이프가 번쩍이며 솟아오를 때는 참 멋졌었다. 찌가 올라섰다 넘어질 때는 '63빌딩 무너지듯' 장관이었다.

밤낚시 철이면 저수지 빙 둘러 칸델라 불빛이 꽃을 피워 장관을 이뤘었다. 불이 밝다보니 건너편 꾼의 시선에 마주 비추기도 한다. 그러면 '불 좀 돌리시오.', '불 돌려라!' 고성이 오고 간다. 낚시꾼들이 '불쌈'이라는 하는 것이다. 어두워 서로 나이도 모르고, 체면도 없다. 고성이 오간 끝에 욕설도 나오고 아침에 보자는 등 험악한 분위기도 있었다. 그러나 날이 새면 언제 그랬냐는 듯

제 찌를 보기에 바쁘다. 요즘에는 낚시하는 사람 주위는 컴컴하고 대를 휘두를 대마다 케미불만이 도깨비불처럼 허공에 날아다닌다.

어두워지고 나서는 붕어 입질이 통 없다. 꾼은 이런저런 밤낚시 준비에 부산하다. 혹시 하는 마음에 뜰채도 펴서 곁에 두고, 모자에는 랜턴도 꽂아 비상에 대비한다. 시야에는 파랗게 케미 불빛이 3개가 수면에 떠 있고, 그 외에는 어둠에 잠겨 있다. 시야를 어지럽히는 다른 것이 보이지 않아 시선이 어둠 속의 찌불에 집중되고 낮낚시보다 오히려 낚시에 집중할 수 있다. 거기다 바람마저 잔잔하면 찌를 보기에 더할 수 없이 좋다. 혹간 부는 산들바람이 찌에 잔물결을 보내지만 찌를 보는 데는 전혀 지장이 없다. '이제 밤낚시 준비가 완벽하군.', 혼잣말을 하며 어신을 기다린다. 늙은 낚시꾼은 홀로 낚시를 다니다 보니 가끔 혼잣말을 하곤 한다.

오른쪽 3칸 대의 찌가 천천히 올라선다. 어신이다. 꾼은 얼른 대를 잡고 챔질을 한다. 새액, 하고 줄이 울고 강한 반동이 손목에 전해진다. '잉어인가'하는 생각이 잠시 머리에 스쳤지만 고기의 저항이 바로 풀어지고 고기 머리를 자신 쪽으로 돌릴 수 있다. '붕어로군.' 붕어는 잠시 저항을 했지만 차츰 앞으로 들어온다. 붕어치고는 만만치 않게 힘을 쓴다. 모자의 랜턴 불을 켜서 붕어가 움직이는 것을 보며 뜰채를 준비한다. 랜턴 불빛에 희부옇게 붕어가 물위로 뜬 것이 보인다. 제법 씨알이 굵다. 대를 조정하여 붕어를 앞쪽으로 유인하여 뜰채로 떠낸다. '월척이군.' 눈대중에도 한 자가 넉넉히 넘는다.

붕어자원은 점점 줄어들고 있다고들 말한다. 그러나 오히려 월척을 만날 기회는 더 많아졌다. 늙은 낚시꾼도 올 들어서만 이 저수지에서 8마리째 월척을 잡은 것이다. 이제까지 평생 잡은 것의 배가 되는 셈이다. '참 아이러니하군. 낚시법의 발전인가, 아니면 도구의 발전 때문인가?'

낚시꾼은 월척 붕어를 바라보며 예전 생각을 한다. 젊었을 땐 월척을 잡으려고 이리저리 쫓아다녔지만 쉽사리 잡을 수 없었다. 그래서 월척을 잡으면 어탁을 떠서 자랑스럽게 벽에 걸어 놓곤 했다. 평생 몇 마리나 잡아보았냐는 질문도 받게 된다. 자랑스럽게 월척조사임을 밝힌다. 허기야 평생 월척을 잡아보지 못한 낚시꾼도 많다니까. 월척은 1960년대 초에 생긴 말이다. 당시 유행하던 낚시회 출조에서 대어를 잡으면 상을 줬다. 대어상의 기준이 붕어 1자이었다. 1자가 넘는 붕어를 잡으면 광목 한 필 혹은 금반지 반 돈의 시상이 있었다. 1자가 넘느냐, 아니냐가 대어의 기준이 되었다. 그래서 1자가 넘는 큰 붕어라는 의미에서 월척(越尺)이란 말이 나왔다. 지금이야 월척이란 말은 그냥 '큰 물고기'란 의미로도 쓰이고 있다. 그러나 바다낚시에서 2자가 넘는 물고기를 잡고도 월척이라 외치는 상황은 좀 그렇다고, 꾼은 생각해 본다. 낚시꾼은 붕어를 조심스레 살림망에 넣는다.

밤은 깊어가고 사위는 조용하지만 통 입질은 오지 않는다. 이럭저럭 밤은 깊어가고 있다. 밤의 냉기가 스며든다. 벌써 9월 상순이군. 꾼은 혼잣말을 하며 배낭 속에서 웃옷을 찾아 걸친다. 잔잔한 물에 찌불만 새파란 인광(燐光)을 반짝이며 떠 있다. 그래도 먼 곳에서 물고기가 수면에 뛰어올랐다 떨어지는 소리가 들려온다.

가끔 철벙하고 큰 소리가 들리기도 한다. '흠, 잉어로군. 이쪽으로 오시지 그러나.'

오늘은 밤낚시가 신통치 않다. 그래도 한참을 입질을 기다려 본다. 시계를 본다. 벌써 밤 열시가 다 되었다. '한잠 잘까?' 초저녁부터 밤낚시가 잘 되는 날도 있고, 또 초저녁에는 입질이 신통치 않지만 한밤 언젠가는 입질이 오는 골든타임이 올 수도 있다. 물론 한밤 내내 전혀 입질이 없을 수도 있다. 그래도 낚시꾼은 언젠가 입질이 터질 시간을 기다리며 밤을 지새우기도 한다. 그러나 요즘 들어 밤을 꼬박 새기가 힘겹다는 것을 꾼 스스로 잘 알고 있다. 밤을 꼬박 새고 나면 피곤해서 운전을 하기에 너무나 힘에 겨워서였다. 낚시꾼은 좌대 위에 설치된 작은 움집으로 들어간다. 그 안에는 전기불도 있고, 가스로 키는 난방장치도 있다. '참, 요즘 좌대는 너무 편해졌어. 하지만, 좌대료도 그만큼 비싸기는 하지. 텔레비전이 있는 좌대도 있다던데.'

낚시꾼이 처음 낚시를 시작할 때는 좌대가 그리 크지 않았다. 반 평 남직한 판자에 네 다리를 달아 물속에 세워 놓은 것이어서 '덕'이라고 부르는 것이 옳을 것이다. 좁아서 눕지도 못하고 앉은 자리에서 한밤을 꼬박 샐 수밖에 없었다. 거기에 비라도 오면 행색이 말이 아니었다. 그러나 요즘 좌대는 편리해지기는 했다. 허나 수초 틈에 놓여 있던 옛 덕만큼 호젓한 낚시가 되는 것은 아니었다. 그러나 낚시꾼이 앉은 좌대는 수심이 3미터가 넘는 깊은 곳에 놓여 있어 대어를 바라는 확률은 큰 편이다.

낚시꾼은 방안에 누워 잠을 청한다. '참 예전에는 좁은 덕에서 잘도 자고, 연안 둑에서 판초 우의 하나면 잠자리가 족했는데.’ 그러나 꾼은 그런 젊은 시절의 몸이 아니다. 만약 그런 낚시를 한다면 몸살이 날 것이다. 그런대로 깔끔한 침구에 누워 잠을 청했지만 뒤척거리기만 하지 쉽게 잠들지 못한다. 전에는 아무데서나 눕기만 하면 코를 골아 같이 자는 사람에게 지청구를 들었는데 이젠 잠자리에 예민해졌다. 그래도 눈을 감고 누워 잠을 청한다. 자는 듯 마는 듯 비몽사몽간에 꿈자리만 요란스럽다. 잊고 있던 옛일이 꿈속에서 아스라이 재생된다.

문득 잠을 깨어 시계를 보니 새벽 2시이다. 서너 시간 잠이 들었던 모양이다. 낚싯대 앞으로 돌아간다. 음력보름 즈음인지 둥근 달이 훤하게 떠 있다. ‘보름달이 뜨면 붕어 입질이 없는데.’ 그래도 의자에 앉아 찌를 응시해 본다. 호수에는 둥근 달이 비치고 있다. 보름이 지났는지 약간 이지러진 채 말이다. 눈이 우연히 떡밥을 개기 위해 떠 놓았던 물그릇으로 향했다. 거기에도 달은 둥글게 떠 있다. 낚시꾼은 혼잣말을 한다. ‘이태백이 말했던가, 밤하늘에 뜬 달, 호수에 비친 달, 그리고 내 술잔 속에 비친 달이라고.’ 시인의 마음에도 달이 있을 터이니 상념의 호수에 있는 달은 넷이 되는 것인가. 낚시꾼은 달을 바라보았다. 하늘의 달은 치켜 올려 보아야 하고, 호수에 비친 달은 멀리 내다보아야 했다. 그리고 물그릇에 뜬 달은 시선의 각도를 잘 맞추어야 달이 뜬 게 보인다. ‘흠, 이태백은 달이 여럿이라고 했다지만, 결국은 내 눈길로는 달 하나만 볼 수 있군.’ 이런 저런 상념에 밤은 깊어 가는데 찌는 미동도 않는다.

새벽 4시에 가까워졌다. 수면에 물안개가 솔솔 피어오른다. '참 오랜만이군. 물안개 속에서 낚시하기도.' 낮과 밤의 온도 격차가 커지는 날 새벽이면 수변에는 물안개가 피어오르기 마련이다. 물안개가 피면 먼 주위는 몽롱해져 보이지 않고, 찌만 간신히 보일 정도이다. 그 안개 속에서 긴 대의 찌가 솟아오르는 것이 희미하게 보인다. 아니 느껴진다. 빠른 손길로 낚싯대를 채어 올린다. 순간 강력한 반동과 함께 쌔액, 하고 낚싯대가 우는 소리가 들린다. 잉어다! 가능한 한 낚싯대를 들어 세워 대의 허리힘으로 잉어를 제압하려 한다. 전에도 이 자리에서 뒤늦게 대를 챘다가 대를 세워보지도 못하고 대와 낚싯줄이 1자로 쭉 벋더니 줄이 끊긴 경험이 여러 번 있어서이다. 다행히 초반작전은 성공이다. 낚싯대를 세웠으니 이젠 낚싯대의 허리힘으로 잉어와 대결할 수 있다. 잉어는 멀리 도망가다가 낚싯대의 힘에 의해 머리를 돌렸다. 그러나 이번에는 왼쪽, 오른쪽으로 나댄다. 그러다가 먼 쪽으로 내달린다. 그때마다 대를 돌려 세워 잉어의 힘을 죽이려 한다. 대에서는 피아노 소리, 아니 첼로 현을 긁어대는 것 같은 소리가 삑삑 요란스럽게 난다. 그렇게 10여분이나 실랑이를 쳤을까, 잉어가 수표면 가까이에서 노는 것을 느낄 수 있다. 잉어가 좌대 앞으로 다가온다. 좌대 밑으로 들어가면 어쩔 도리가 없다. 잉어가 다시 먼 쪽으로 나간다. 앞에 장애물이 있는 것을 잉어도 아는 모양이다. 잉어의 힘과 겨루면서도 혹시 낚싯대나 줄, 그리고 채비에 문제가 생길까 신경이 쓰인다. 이제 잉어의 움직임이 느려져서 힘이 다한 것을 느끼겠다. 멀리서 허연 잉어의 몸체가 수면에 떴다 잠기는 것이 보인다.

대를 머리위로 높이 들어 잉어를 꾼의 앞으로 끌어들인다. 잉어가 바로 앞까지 왔지만 아직 잉어가 물 표면에 떠오르지 않는다. 잉어는 움직이지 않고 낚시꾼의 발 앞에 와 있지만 아직은 물속에 잠겨 있다. 지금 쓰는 낚싯대로는 잉어의 무게를 감당할 수 없는 것이다. 꾼은 왼손에 뜰채를 든 채로 대를 잡은 오른손 손가락을 펴서 낚싯줄을 살짝 잡는다. 잉어가 움직이지 않고 있자 낚싯줄을 조심스럽게, 부드럽게 들어 올린다. 잉어가 몸부림을 치면 얼른 놓아 줄 수 있게 줄은 엄지와 검지로 살짝 잡는 것이다. 견지낚시에서 대어를 잡을 때 쓰는 '줄목을 잡는' 기법이다. 줄을 살짝 들자 잉어가 붕하고 수면으로 떠오른다. 수면에 잉어가 눕자마자 얼른 뜰채로 뜬다. 순간 펄떡거리는 잉어의 힘찬 몸부림과 묵직한 무게가 뜰채를 든 손에 전달된다. 잉어가 워낙 힘을 쓰기에 2자가 넘을 것으로 예상했는데, 좀 작아 보인다. 그래도 이만한 잉어도 대단한 놈이 아닌가?

한밤중 활극은 이것으로 끝났다. 잉어를 잡은 낚싯대를 살펴보았다. 별 문제가 없다. 참 낚싯대가 강해지고 또 가벼워지기도 했다. 예전에 대로 만든 낚싯대를 쓸 적에는 큰 잉어를 잡을 엄두도 내지 못했다. 잉어의 손맛이 탐나기는 하지만 낚싯대가 견디지 못하기 때문이었다. 혹간 잉어를 노릴 때에는 초리 고리에 별도의 줄을 이어 낚싯대를 손잡이까지 빙빙 둘러 감아서 안전장치를 하기도 했다. 글라스로드가 나온 것은 낚싯대의 혁명이었다. 낚시꾼이 처음으로 글라스로드를 마련한 것은 1966년경이다. 그러나 붕어를 잡는 손맛은 역시 대나무 낚싯대만 못했다. 친한 조우가 말한 대로 '대나무 낚싯대의 손맛은 새 기름에 갓 튀긴 바삭바삭한 튀김 맛이고, 글라스로드는 튀긴지 오래되어 눅진해진 맛'이라는 표현에 동감하고 있다. 대 낚싯대는 대마다 개성이 있었다. 또 대나무 낚싯대를 오래 쓰면 손잡이가 떡밥으로 발갛게 길이 들고 정이 들었다. 낚싯대를 잃어버리면 참으로 안타깝다. 그러나 글라스로드는 잃어버린 낚싯대의 가격이 아깝지만, 대 낚싯대를 잃어버리면 오래 사귄 친구와 헤어진 듯한 아쉬움에 젖는다. 1970년경 대나무 낚싯대를 만들던 유명 공방인 주작(朱作), 한작(韓作)이 화학제품에 밀려 문을 닫게 되자 글라스로드를 쓸 수밖에 없는 상황이 되었다. 꾼은 아직도 20여대의 주작 낚싯대를 칸 수 별로 잘 보관하고 있다. '허, 그 낚싯대 언제 써보나.' 혼잣말로 한탄을 하지만 아마 쓸 날은 없을지도 모른다.

잉어를 잡은 다음에는 입질이 뚝 끊어졌다. 사위는 조용하고 풀섶에서 우는 벌레 소리만 가을의 새벽을 재촉하고 있다. 5시가 넘으니 해가 뜨지 않았는데도 낚시터에 조금 어둠이 걷힌 것을 느끼겠다. 산과 물이 구분되고, 물에 비친 산 그림자도 알아 볼 수 있다. 물에 뜬 마름 더미도 꺼멓게 시야에 들어온다. 6시가 가까워 오자 날이 밝아오기 시작하고 물위에 파닥대는 피라미의 방정맞은 움직임이 여기저기서 보인다. 새소리도 여기저기서 들려오기 시작한다. 낚시터가 좀은 부산스러워지고 주의가 산만해진다. 혹간 찌를 올리는 입질이 있지만 피라미 일색으로 헛챔질이 일쑤다. 이럭저럭 한밤의 낚시가 끝나가나 보다.

낚시꾼은 살림망을 들어 올려 하루 조과를 살펴본다. 10여 마리의 잔 붕어에 월척 한 마리, 그리고 잉어 한 마리. 월척 붕어를 꺼내 손으로 재어 본다. 큰 한 뼘 하고도 반 뼘이 넘는다. 30하고도 2, 3cm는 충분하다. 잉어를 눕혀 놓고 뼘질을 한다. 두 뼘 하고도 반 뼘이 너끈하다. 아마 52, 3cm 정도일 것이다. 낚시꾼은 살림망 주둥이를 물에 대고 뒤집어서 물고기들을 놓아준다. 고기들은 순식간에 물살을 튕기면서 사라진다. '잘 놀았네. 녀석들 고맙다는 인사도 없네.' 혼잣말이 나온다. 견지낚시를 할 때는 누치가 크건 작건 그 자리에서 방생하는데, 붕어는 일단 살림망에 넣어두었다가 조과 결산을 한 다음 놓아 주곤 한다. 이것도 버릇인가?

이럭저럭 6시 반이 넘었다. 낚시꾼은 귀가 준비를 한다. 아침 피라미 등쌀을 조금만 더 견디면 붕어낚시가 가능할 것 같기도 하지만 아침햇살이 마주 비치고 더워져서 더 낚시할 마음이 나지 않는다. 그리고 밤낚시에 지치기도 했다. '올해 밤낚시를 더 올 수 있을까?' 아마 한두 번 더 이곳에 올 것이다. 그럼 내년에도 이곳을 찾을 수 있을까? 되겠지. 그럼 5년, 10년 후에는? 낚시꾼은 머리를 흔든다. 이젠 스스로가 늙었다는 생각을 한다. 내 손으로 차 핸들을 잡고 밤낚시를 몇 년이나 더 다닐 수 있을까? 알 수 없다. '허긴 50년 넘게 이 짓을 해 왔지. 왜 내가 낚시를 하고 있지? 무엇이 나를 낚시터로 오게 하는 것일까?'

꾼은 차를 몰고 귀가 길에 오른다. 밤낚시 끝의 피곤함을 온몸에 묻힌 채. 낚시꾼은 문득 곁에 누가 있었으면 하는 생각이 든다. 언제부터인가 낚시꾼은 혼자 낚시를 다니는 버릇이 들었다. 낚시는 여럿이 같이 가도 혼자 즐기는 행위란 말이 있다. 그러고 보니 낚시는 혼자 다니는 것이 제맛인 것 같기도 하다. 좀은 심심하고, 외롭기는 하지만. 인생 역시 낚시와 같아 어차피 홀로 가는 것이 아닌가…

14. 수변水邊에서

버릇처럼 찾아 온 이곳
황토빛깔 수변이어라
수련 잎 도도록 말려 있는
그 잎새 틈바구니에
찌 하나 세워 본다

언제나 이곳에 오면
고향을 찾은 듯
마음은 아득히
어릴 적 하동河童으로 돌아간다

언제부턴가 보이지 않는 손에
빨간 찌머리가 깜박깜박
살며시 오르락내리락
그 모습 하 예뻐서
멍하니 바라만 본다

살그머니 찌가 사라져버렸다
파문도 남기지 않은 채
무언가 잃은 듯
선하고 찡한 마음에
고개를 외로 빼고 찾고 찾는다

찌가 어느 결에 수련 잎 곁에
수줍게 머리를 내밀고 건네다 보고 있다
아차, 내가 낚시를 하고 있지
근데 미끼는 제대로 달았는지 몰라
수련 잎 틈바구니에 찌는 시치미를 떼고 서 있다

16. 낚시터의 하룻밤

앞으로 나아가야만하는 인생
그 걸음 멈출 길 없지만
잠시 틈내어 수변에 앉아 보았다
숨 가쁘게 달려온 삶의 역정은
돌이켜보면 어찌 그리도 짧은지
그래도 물가의 고요는 느긋하기만 하다

황혼을 기다리며
어둠의 고요에 잠겨가면서
모든 것 잊고
이 밤이 길기만 바래본다

수변에 반짝반짝 반딧불이 같은
찌불을 소망삼아 켜놓았지만
하늘의 그 많은 별을
바라볼 겨를도 없이
밤새 바라고 기다린 게 무엇이던가

영원할 것 같은 어둠도
여명에 밀려 희부옇게 밝아오는 하늘
밤새 웅크렸던 허리를 펴고 하늘을 본다
이 하루는 나에게 무엇을 줄까

나는 이곳에 다시 올 것이다
아무도 날 부르는 이 없지만

제2편

여울에서

1. 견지낚시에의 첫걸음

낚시를 시작한 지 어언 40년이 넘었다. 어릴 적에는 주로 붕어낚시를 했지만 1980년 이후로는 견지낚시에 열을 올리고 있다. 내가 견지를 처음 한 것은 1981년 여름, 조우인 조탁(彫琢) 이성복 형과 파로호 상무룡리에 2박 3일 예정으로 붕어낚시를 갔던 참이었다. 붕어낚시에는 내가 다소 연조가 깊지만, 낚시 이야기만 나오면 이 형은 견지낚시의 장점을 늘 피로해 오던 차였다. 이참에 견지도 해 보자며 이 형이 견지낚시 준비를 해 오기로 했다.

상무룡리에 도착해 큼직한 좌대를 빌려 밤낚시까지 했지만 첫날 밤낚시 조황은 신통치 않았다. 게다가 이튿날 해가 쨍쨍 비추니 좌대 위에서는 덥고 답답해 견딜 길이 없었다. 배를 타고 상무룡리 윗 골짜기 여울에 가서 이 형의 견짓대로 낚시를 시작했다. 견지낚시 준비는 이 형이 하기로 했지만 이 인사가 깜박 미끼(본인 표현으로는 쌀자루)를 집에 두고 왔단다. 그래서 여울 돌바닥을 뒤져 고나(날도래 애벌레) 등 벌레 유충을 잡아 낚시를 시작했다.

이 형의 설명을 듣고 줄을 풀었다 챘다 한 지 얼마 안 되어 대에서 파르릉 하는 감촉과 함께 반동이 전달됐다. 배운 요령대로 살살 거두어 보니 살진 불거지였다. 견지로 잡은 첫 물고기의 감촉은 무어라 할 수 없는 감동이었다. 붕어낚시꾼 치고 대낚에 피라미가 잡히는 것을 반가워하는 사람은 없다. 그러나 견지로 잡은 피라미는 그 맛과 감촉이 붕어 뺨치게, 아니 더 섬세하고 예민하게 손에 전달되었다.

한 마리 잡고는 여울 바닥의 돌을 뒤집어 미끼를 잡고, 다시 피라미, 마자를 잡고. 해질녘까지 정신없이 상무룡 개울을 더텄다. 낚시휴가의 결산은 붕어, 잉어는 황이었지만 피라미는 미끼 수대로 잡았다. 먹지도 않는 물고기를 실컷 잡았다, 도로 놓아주고 빈 바구니로 귀가한 후 내 낚시 행로에 일대 전환이 일어났다. 견지낚시가 주 종목이 된 것이다. 1980년대는 붕어낚시와 견지가 반반이었으나, 1990년대에 와서는 견지 비중이 커져 이제는 거의 견지낚시만 다니고 있다.

내가 견지낚시에 열을 올리면서 직장인 연구원 낚시회 회원들에게 지청구를 듣게 되었다. 까짓 피라미 잡으러 돌아다니느냐며. 낚시회의 창설자, 초대 총무이자, 회장인 낚시회의 대부가 변절을 해서 밤낚시를 기피하기 시작한 때문이었다. 또 하나의 변화는 붕어낚시 채비가 바람을 맞게 되었다. 신제품이라면 무조건 사들인 그 고가의 카본낚싯대, 어릴 적부터 고이 간직해 온 20여 대의 대나무 주작(朱作)대가 창고에서 먼지를 쓰게 된 것이다.

백양리, 모곡리, 홍천강, 평창강 맑은 여울을 찾아다니며 지금도 견지 조행은 계속되고 있다. 그 좋아하던 대낚을 접고 견지에

몰두하게 된 이유는 무얼까, 가끔 생각해 본다. 대낚은 대낚대로 좋은 점이 있지만 내가 견지로 전향한 것은 다음과 같은 이유에서다.

우선 저수지의 오염과 번잡함이다. 저수지가 본래 산속 여울과 같이 옥수가 흐르는 곳은 아니지만, 산업화가 진행되고 붕어낚시꾼이 늘면서 저수지 물이 점점 더러워지고 있다. 게다가 낚시꾼이 많아져 번잡해지다 보니, 나같이 짧은 대를 쓰는 사람은 낚시터에서 경쟁력이 약해진 것이다. 즉 붕어를 잘 잡을 수 없게 되었다.

다른 이유는 시간의 제약과 마누라님의 잔소리였다. 장거리 붕어낚시를 가려면 토요일 오후에 떠나 일요일 저녁때야 집에 돌아오게 마련이다. 마눌님이 이런 밤낚시를 좋아할 리 없다. 나 자신도 체력이 달려 자동차를 몰고 원거리를 다녀오기가 어렵다. 밤에 붕어가 잡히는 것은 좋으나, 잠을 줄이며 낚시를 하다 보니 돌아오는 길의 운전은 고역이 아닐 수 없다. 그렇다고 가까운 유료낚시터에 한 다리 끼어 낚시를 하는 것은 정말 마음에 내키지 않는다.

반면, 견지는 밤낚시를 할 필요가 없고, 가까운 거리에서도 즐길 수 있다. 예를 들면 토요일 사무실에서 12시에 떠나면 30분 안에 팔당에 도착할 수 있다. 해질녘까지 실컷 낚시를 하고 8시면 귀가할 수 있다. 그리고 일요일은 마누라 잔소리를 막는 시간으로 배분할 수 있다. 집사람도 나이가 들어가고, 아이들이 자라면서 외로움과 소외감을 느끼는 모양이어서 가족 평화 유지를 위해서도 견지는 장점이 있다.

위에서 들은 이유는 내가 처한 상황에서의 이점이고 정작 이유는 나변에 있는 것이 아니다. 붕어낚시를 하던, 견지낚시를 하건 내 성격이 자잘한 곳까지 뿌리를 뽑는 성격이다. 이참에 새로운 미답의 경지인 견지는 신천지가 아닐 수 없다. 게다가 견지낚시는 내 성격과 조법에 정말 적합한 낚시여서 정신없이 몰입하게 된 것이다.

대낚시는 시각과 반응의 낚시다. 우선 찌의 섬세한 움직임을 눈으로 확인하고, 챔질이 이루어져 촉감이 비로소 손에 전달되게 된다. 견지는 촉감의 낚시다. 바늘에 미끼를 꿰어 물에 흘리며 챔질하는 동안 여울에서 흘러 내려가는 바늘의 움직임이 그대로 손에 전달된다. 그러다, 화드득 고기가 입질하면 견짓대 머리가 요란하게 움직인다. 좀 더 예민한 경우는 무언가 물속에서 깃털로 바늘을 살며시 간질이는 것과 같은 감촉이 느껴지고, 챔질하면 견지는 만월을 그리며 팽팽한 긴장감과 고기의 당김이 손에 잡힌다.

대낚은 고기가 올 때까지 정적인 상태에서 기다려야 한다. 견지는 바늘이 여울을 따라 내려가는 감촉이 그대로 손에 전달된다. 물이 얕고 깊은가가 느껴지고, 물살이 빠르고 늦음도 느껴진다. 대가 예민하면 바늘이 바위를 타고 넘는지 바닥에 닿았는지까지 느낄 수 있다. 연속적이며 동적이다. 게다가 손에 신경을 집중한 체 눈으로는 경치를 감상할 수 있는 좋은 점도 있다.

견지낚시의 장점의 하나는 대의 상태에 따라 고기 잡히는 느낌이 다르다는 점이다. 물살의 정도, 수심에 따라 대를 맞춰 쓰면 정말 물속의 상황이 생생히 손에 전달된다. 허풍이 아니다. 바늘이 바위 등을 가르륵 긁는 감촉이 손에 느껴지고, 조그만 피라미가 미끼를 빨아들이는 감촉을 생생하게 느껴보지 않았다면 그 견지꾼은 대어꾼이거나, 견지의 재미를 한 부분 잃고 있는 사람일 게다.

하늘하늘한 견짓대에 피라미라도 한 마리 걸리면 붕어 일여덟 치짜리 이상의 힘과 긴장을 느낄 수 있다. 아니 나는 느끼고 있다. 그렇지 않아도 낚싯대의 특성과 개성을 중시하는 나로서는 즐거운 일이 아닐 수 없다.

요즘도 옛 직장 낚시회의 시조회, 납회에 1년에 한두 번 참여해 대낚을 하기는 한다. 그러나 생각보다 붕어낚시가 잘 안 되고, 집중이 잘 되지 않는다. 붕어낚시를 않겠다는 생각은 없지만 당분간 붕어낚시를 갈 것 같지 않다. 낚시꾼 사이에 '낚시는 붕어낚시로 시작해, 붕어낚시로 끝난다.'는 말이 있다. 언젠가는 나도 대낚시로 돌아갈는지 모른다. 그때가 언제일까.

2. 낚시의 예절과 불문율

낚시는 여럿이 같이 하고 있어도 근본적으로는 혼자 즐기는 것이다. 낚시를 다니노라면 여러 사람과 접촉하게 된다. 그 과정에서 서로 예절에 어긋나는 일이 일어나고, 개인 간의 문화적 충돌이 생기기도 한다. 또 낚시터에서 무심코, 또 잘 모르고 실례의 말이 오가기도 한다.

한 꾼이 연방 붕어를 잡아낸다. 옆에 있던 낚시꾼이 부러워서,
"거기 고기 잘 잡히네요."
말한다. 무심코 한 말이지만 좀 어폐가 있다. 자기도 잘 잡는 사람인데 그 곳에만 물고기가 있다는 의미도 되고, 상대 조사의 솜씨를 인정하지 않는 마음이 약간이나마 있는 것은 아닌지. 이럴 경우,
"선생 참 잘 잡으십니다."
아니면,
"선생, 재미 보십니다."
하고 말한다면 서로 좋지 않겠는가?

낚시터에서 남의 살림망을 주인의 허락도 없이 들어보는 사람이 있다. 이도 실례이다. 정 궁금하면 양해를 구하고 보아도 될 일

이 아닌가? 다른 실례의 경우도 많다. 낚시꾼 옆에 앉아 훈수를 두는 것이다. 지금 입질이 왔느니, 미끼는 그것이 아니라 다른 것이라는 둥. 낚시꾼을 혼란시키고 방해하는 행위이다. 입질을 제대로 보거나 말거나 그 낚시꾼의 재미이기 때문이다. 또 물고기가 걸리면 얼른 뜰채를 들고 떠주려 하는 것이다. 이 또한 과잉 친절로서 약간의 실례를 범하는 것이다. 낚시꾼이 물고기를 잡는 것은 그 사람이 즐기는 과정이므로 뜰채를 쓰던, 아니던 남이 개입할 일이 아니다.

붕어낚시를 배울 때 노조사에서 배운 몇 가지 예절이 있다. 남이 낚시를 할 때는 조용히 보거나 지나가고, 또 참견하지 말 것. 그리고 자리를 잡으려면 낚싯대 한 대 정도의 거리를 두어야 한다는 것이다. 자리가 없어 좀 비좁게 앉으려면 반드시 옆의 조사에게 양해를 구하고 자리를 잡아야 한다는 점이다.

견지낚시를 할 때에도 기본적인 예절이 있다. 여울은 넓어 보여도 꾼이 들어 설 자리는 몇 자리가 안 된다. 먼저 온 조사의 옆자리로 들어설 때에는 반드시 양해를 구해야 한다. 남이 물고기를 재미있게 잡고 있는 자리의 하류에 철벙대며 들어가 자리를 잡는 사람이 있다. 이 경우 상류의 조사가 모아놓은 물고기를 쫓게 되며, 남의 낚바탕을 어지럽히는 행위이다. 이 경우 고성이 오가게 되는 계기가 된다. 다행이 요즘에는 그런 경우가 적어졌다. 또 모르는 사람과 나란히 서서 견지낚시를 하면서 옆 사람보다 미끼를 무작스럽게 많이 뿌리는 경우이다. 견지낚시는 밑밥으로 물고기를 유인해 잡는 방법이어서 옆 사람보다 엄청나게 미끼를 뿌리는 것은 남의 물고기를 도둑질하는 것이 된다. 또 낚시터 환경에도 위해를 주므로 삼가야 할 행위로 기본예절에 어긋난 일이다.

가만히 생각하면 낚시터에서의 예절은 그리 지키기 어려운 것이 아니다. 다만 남을 내 입장에서 생각해 주는 조그만 배려만 있다면 그리 지키기 어려운 일이 아니다. 그래도 낚시터에서의 상호 실례가 되는 사건은 계속 일어나고 있다.

낚시터의 예절은 성문화된 법도 아니고, 누가 정해 놓은 것도 아니다. 예부터 어떤 낚시터에서도 기본적인 예절은 불문율로 지켜져 왔다. 거의가 상식으로 알 수 있는 사안들이다.

주인 없는 낚싯대에 고기 입질이 왔다. 지나가던 사람이 챔질을 해 보았더니 큰 물고기가 잡혔다. 이 물고기는 낚싯대 주인의 것인가? 아니면 정작 챔질을 한 지나가는 사람의 것인가? 선배 노조사의 말에 의하면 붕어낚시의 경우 그 물고기는 낚싯대 주인의 것이라 한다. 물고기가 입질을 해서 이미 걸려 있는 상태이기 때문에 물고기는 이미 잡혀있는 상태이며, 또 남의 낚싯대를 들어 챔질을 하는 그 자체가 실례이기 때문이라 한다.

그러나 옛날에 하던 얼음 삼봉낚시의 경우에는 주인 없는 낚싯대로 잉어를 잡았을 경우 이 고기는 챔질을 한 사람의 것이라 한다. 삼봉낚시의 경우 찌가 움직여도 물고기가 걸린 상태가 아니고, 챔질에 의해서 고기가 잡혔기 때문이란다.

얼음 삼봉낚시의 경우 좁은 곳에서 낚시를 하다 보니 고기 한 마리에 바늘 두개가 꽂힌 경우가 왕왕 발생하였다 한다. 그때는 먼저 대린 사람이 우선권이 있었다 한다. 그 구분이 뚜렷치 않을 경우 네 고기이냐, 내 고기이냐, 다툼이 일어나기도 했다고 한다. 그때에는 제3자가 나서 화해를 붙이거나, 정 결론이 안날 경우에는 고기를 잘라 반씩 가졌다고 한다. 그러나 억지를 써서 물고기를 반이라도 차지했다고 소문난 꾼은 그 낚시터에서 발붙이기가 어려웠다고 한다.

낚시터에서 고성방가를 하거나, 낚시터에 쓰레기를 버려 더럽히는 경우가 있다. 이것은 낚싯대만 들었다 뿐이지, 낚시를 즐기는 사람이 할 행위가 아니다. 쓰레기를 버리는 것이 환경보존에 어긋나는 행위라는 거창한 명제가 아니어도, 남과 함께 낚시를 하는 터를 혼자 어지럽히는 일은 예절의 문제가 아니라 범죄의 영역에 속한다.

요즘 낚시꾼이 늘다보니 낚시터가 비좁아지고 서로 방해가 되는 경우가 왕왕 생긴다. 그래도 낚시터를 아끼고, 기본적이고 상식적인 예절을 지킨다면 큰 문제는 일어나지 않을 것이다. 또 낚시를 하는 과정에서 서로 참고, 양해를 구한다면 마음 상할 사건도 일어나지 않을 것이다. 낚시터에서의 옛 불문율을 다시 잘 새겨보자.

3. 밤견지 기행

견지낚시를 하다 보면 물고기 입질이 활발한 시간대가 있다. 새벽녘에서 아침결에 낚시가 잘되지만, 석양녘에도 입질이 잦다. 하루 종일 낚시를 하다 미끼가 거의 다 떨어지고, 해가 져 어두워져서 미끼를 꿰기도 어려운데 입질이 계속 온다. 시간에 쫓겨 채비를 거두지만 더 어두워질 때까지 오래 낚시를 해 보았으면 하는 아쉬움이 남았다. 잠실 수중보에서 야간낚시가 성행이라는 이야기도 들려오고, 여울 피라미도 밤에 입질을 한다는 이야기도 들어 밤낚시를 해 보고 싶었으나 기회가 없었다.

2001년 6월 15~16일 연구원 우리 부서 직원 모두가 정선군에 엠티 겸 출장을 가게 되었다. 예정된 숙소가 마침 동강 가수리 인근의 '동트는 농가'라는 영농조합법인이었고, 게다가 저녁은 강가에서 바비큐를 한다고 한다.

강가에 도착하니 이미 해가 지고 어둠이 밀려들고 있다. 급한 마음에 동료들이 저녁 준비를 하는 동안 수장대를 짚고 여울에 들어섰다. 가뭄으로 강물이 말라 낚시를 할 만한 여울이 눈에 띄지 않는다. 펀펀하게 물이 흐르는 감이 겨우 느껴질 정도의 약한 물살만 있다. 상류 쪽이 물살이 살아 있는 것 같다. 물이 허리까지 차는 곳까지 들어가 구더기의 머리와 꽁지가 간신히 식별되는 상황에서 바늘을 흘려보냈다.

바늘이 약한 물살에 떠내려가며 추가 바닥에 닫는 느낌이 들자마자 입질이 왔다. 갈겨니였다. 잘 보이지도 않는 구더기를 손가락에 오는 촉감으로 가늠해 바늘에 끼워 흘리니 다시 입질이 온다. 이렇게 1시간 동안 20여 마리의 갈겨니를 낚았다. 식사를 알리는 후배들의 목소리에 마지못해 대를 걷고 나와 오랜만에 하늘에 별이 많다고 느끼면서 삼겹살 구이를 반찬으로 식사를 마쳤다.

식사를 마치고 후배들이 모닥불 주위에 둘러앉는다. 혼자 빠져나가 강물 속에 들어섰다. 캄캄한 어둠 속에서 먼저 낚시를 하던 곳을 다시 찾기가 번거로워 가까운 물에 들어가서니 이곳은 그나마 물살이 전혀 없다. 견지에 소식이 없어 대낚시로 바꾸어 찌를 세우고 한참 지켜보아도 역시 입질이 없다. 대낚시를 거두어들이는데 조그만 갈겨니가 파닥대며 끌려 나왔다. 아마도 대를 들자 미끼가 챔질하는 것처럼 된 모양이다. 다시 견지로 바꾸어 들고 챔칠을 했지만 물살이 없어 낚시가 어려운 상황이다.

간신히 편납을 가라앉히고, 살살 채어 보았지만 소식이 없다. 어둠 속에서 큰 날벌레가 날다가 낚싯줄에 부딪치는 감촉이 투드득 느껴지고, 강물 속에서 작은 물고기들이 퐁당대는 소리가 들려온다. 한참을 기다려도 입질은 없다. 역시 견지는 물살이 없으면 어렵다. 그러나 적당한 물살만 있다면 밤낚시는 가능하다는 확신이 선다. 물 밖에서는 후배들이 모닥불을 둘러싸고 남행열차를 고성방가하고 있다. 모닥불 근처를 오가는 사람들의 그림자가 어두운 강 건너편 절벽에 어룽거린다.

어두운 밤하늘에는 별이 가득하고 초여름의 강물은 따듯하기만 하다. 그리고 강물의 흐름을 볼 수는 없지만 강 전체가 유장하게 움직이는 것 같은 느낌은 몸으로 알 수 있다. 강물에서 퐁당대는 물고기의 움직임이 부산스럽게 들려온다. 한참 그대로 서서 어둠 속에서 별을 올려다 보다, 강물 속에서 들려오는 소리에 귀를 기울여 본다. 어둡고 따듯한 강, 심신이 같이 젖어 들어가는 느낌이다. 한참을 그대로 서 있었다. 언제 다시 이러한 느낌에 잠겨 볼 수 있을까. 아쉬우면서도, 푸근한 마음으로 숙소로 돌아왔다.

이튿날 아침 5시, 동료, 후배들이 밤새 떠들다 지쳐 골아 떨어진 틈을 타 가수대교 위 여울을 찾아 견지를 드리웠다. 줄이 풀려 나가면서 곧바로 파등대는 갈겨니의 움직임이 전해진다. 다시 줄을 풀고 다시 챔질을 하고. 두 시간여 동안에 갈겨니 50여 수를 낚아 올렸다. 어제보다 물살이 좋아서인지 챔질에 걸린 갈겨니의 움직임이 견짓대를 타르르 울리며 전율처럼 손에 전해진다.

산곡에 드리운 낮은 구름이 안개처럼 늠실대다 스르르 퍼져 나가며 능선이 선명해지고 날이 밝아진다. 아침 강물이 햇살을 받아 반짝이며 여울에서 물살이 뛴다. 강에서 아침 햇살을 맞이하기는 정말 오랜만이다. 해가 더 뜨면서 주위 사물이 밝아지며 넓게 퍼진 강이 시야에 들어온다. 군데군데 좁은 여울 골에서 물살이 콸콸 소리를 내며 흘려 내려가고 있다. 확 트인 강안이 시야에 들어와 마음까지 넓어진다. 밤낚시와는 사뭇 다른 정경이다.

견지는 물속에 들어서서 물의 흐름을 몸으로 느끼며 낚시를 한다. 낮낚시는 낮낚시 대로 흥취가 있지만 밤낚시는 새로운 경험이었다. 양광 아래 여울 속에서 나는 조그만 존재에 불과하다. 그러나 한밤중 어둠 속에서 온 사위는 나를 중심으로 모이고 우주는 좁아진다. 가라앉은 어둠 속에서 나 혼자만이 존재함을 느끼면서 오감을 빌려 강물과 대화함은 즐거운 일이다. 어쨌든 여울에 들어서면 좋다.

4. 구더기와 귀더기, 그리고 덕이

1990년경 인터넷사이트 견지닷컴(gyeonji.com)에서 구더기에 새 이름을 지어주자는 제안이 나왔다. 여러 회원의 의견을 모은 결과 '덕이'가 압도적인 지지를 받았다 한다. 덤으로 깻묵도 '묵이'라는 애칭을 받았다고.

그간 견지사이트에서 미끼를 'ㄱㄷㄱ' 등 요상한 암호 비슷하게 쓰다가, '덕이'라는 이름이 결정되자 모두 따르고 있다. 회원 중에는 '구더기'라고 그냥 쓰자는 의견도 있었으나 소수였던 모양이다. 그 중 한 분은 견지낚시 미끼를 '귀더기'라고 부르자고 문헌 고증까지 갖추어 제안하였다. 다음은 그분의 고증 내용의 부분이다.

"『방언집석』은 정조 2년(1778) 역관 홍명복이 저술한 외국어 학습서로서 현재 서울대학교에 필사본이 소장되어 있는데 이 책에서는 '구더기'를 '귀더기'로 적고 있다. 이보다 앞서 중종 22년(1527년)에 발간된 한자 학습서인 최세진의 『훈몽자회』에서도 역시 '귀더기'로 표기하고 있다."

그분은 '귀더기'가 어감도 좋을 뿐만 아니라 귀하고, 색깔도 좋을 것 같은 느낌도 든다면서 영국인들은 낚시미끼로 사용하는

fly(파리)의 유충을 'maggot'(구더기)라고 부르지 않고 고상하게 'gentle'(귀더기 ?)이라고 부른다며 외국의 용례까지 제시하였다. 이 제안도 '덕이'라는 귀여운 이름에 밀려 채택되지는 못했다.

구더기라는 단어를 쓰지 말자는 이유는 무엇이었을까?

아마도 구더기가 주는 선입관 내지는 혐오감에서였을 것이다. 구더기는 파리의 애벌레이다. 파리는 비위생적이고, 인간을 귀찮게 하는 곤충이고, 구더기 역시 비위생적인 장소에서 자란다. 이러한 인식이 구더기라는 이름을 기피하는 계기가 되었을 것이다.

나 자신 어렸을 적 붕어낚시를 하면서도 견지를 기피했던 것은 구더기 미끼를 쓰는 낚시라는 선입관에서였다. 이 선입관도 재래식 화장실에서 본 구더기의 모습에서 비롯된 것이었다. 그러나 견지에 빠지다 보니 더럽다는 생각은 어디로 갔는지 하루 종일 구더기를 주무르고 있다.

그러면 구더기는 분명 더러운 물건인가. 한 노조사는 이 점에 대해 "50여 년 전 소나 말이 달구지를 끌던 시절 시골의 강가나 개울가에서는 소와 말이 풀을 뜯는 정경을 흔히 볼 수 있고 그곳에 가면 우분(牛糞)과 마분(馬糞)이 널려 있어 그 중 잘 말려진 것을 한 개만 뒤집으면 깨끗한 구더기 한줌을 쉽게 구할 수 있어 여울낚시를 즐길 수 있었다."
고 회고하며, 자연친화적이고 더럽지 않다는 점을 밝히고 있다. 그리고 1960년대에는 구더기를 몇 차례(?) 톱밥목욕을 시키고, 활석분이나 조개껍질 가루로 화장을 시켜 몸을 미끄럽게 하여 여름철 마찰열에 쪄 죽는 것을 방지하였고, 거의 냄새도 없었다는 증언도 있다.

예전에는 낚시 미끼 구더기에서 소나 말의 분뇨 냄새가, 그리고 생선 썩는 냄새가 나기도 하였지만 요즘 구더기의 냄새는 그리 심하지 않다. 구더기 사육자에게 들은 이야기인데 돼지 허파에 파리 쉬를 받아 구더기를 내린다고 한다. 이러면 구더기도 깨끗하고, 냄새도 적다고 한다.

구더기가 낚시 미끼용으로 별도 사육한 것이라도 의학적 견지에서 보면 비위생적인 면이 없지 않다. 그럼에도 불구하고 나는 시간이 날 때마다 그놈을 주무르고 있다. 이유는 단순하다. 내가 좋아하는 낚시니까. 그리고 그 미끼니까. 낚시를 하다 보면 구더기 냄새가 나고, 그 냄새가 썩 향기로운 것만은 아니다. 그러나 하루 종일 낚시를 즐기다 보면 그 냄새를 느낄 겨를이 어디 있겠는가. 게다가 그 냄새도 자꾸 맡다 보면 그다지 역하기만 한 것도 아니다.

구더기도 한가지가 아니다. 파리의 유충이다 보니 파리 종류에 따라 구더기 모양도 다를 수밖에 없다. 그러다 보니 구더기도 잘 생긴 놈과 못생긴 놈이 있다. 구더기를 처음 만질 때는 고물거리는 것이 징그럽기도 했지만, 자꾸 만지다 보니 그런 감정은 없어지고 오히려 예쁘고 잘 생긴 놈을 골라 쓰게 된다. 잘 생긴 놈의 표준은 우선 통통하고, 색깔이 깨끗하고, 활발하게 움직이는 놈이다.

1994년인가, 백양리 여울에서의 일이다. 여울에 들어서서 두 시간여나 챔질을 했지만 조황은 신통치 않았다. 그런데 저 아래 여울에서 낚시를 하는 꾼은 부지런히 낚고 있었다. 가까이 가보니 수장대에 바지장화로 제대로 격식을 갖춘 40대의 여자였다. 곁에 자리 잡고 챔질을 하면서 보니, 살진 불거지를 능숙한 솜씨로 낚아 내는 것 아닌가. 이야기를 나눠 보니 남편 친구와 그 부인까지, 모두 네 명이 놀러왔다고 한다. 남편에게 견지를 배웠지만 남편은 낚시보다 야외에서 술을 마시는 것이 취미고, 정작 견지는 부인이 열을 올리고 있단다. 오늘도 남편은 친구와 한잔 즐기고 자기는 낚시를 하고 있단다.

여자 꾼과 여울에 나란히 서서 부지런히 피라미를 낚고 있으려니 다른 여자 한 분이 곁으로 와 낚시를 시작하였다. 여자 꾼 남편 친구의 부인이었다. 이 분도 복장은 갖추었지만 낚시는 좀 서툴러 보였다. 두 여자가 나란히 서서 챔질하며 주고받는 대화가 매우 재미있었다.

"얘, 나는 견지낚시가 재미있기는 한데, 구더기는 징그러워."

"무엇이 징그럽니. 나는 예쁘기만 한데."

이 말을 듣고 그 여자 꾼 얼굴을 쳐다보았다. 농담이 아니라 매우 진지한 표정이었다.

그렇다. 구더기도 자꾸 만지다 보니, 징그럽지도 않고 낚시에 빠지다 보니 예쁘게 보이는 것이다. 미끼라는 표준으로 보면 좋은 구더기는 물고기가 잘 먹는 것이지만, 미관도 무시할 수 없다. 파리 종류가 다양하다 보니 구더기 모양에도 미, 추가 있다. 그러나 아무리 낚시꾼에게 구더기가 예쁘다고 해도 일반적 통념으로 깨끗하고, 귀여운 생물만은 아니다.

어느 해 여름 아침, 텔레비전 방송에서 배견지 모습이 나오는 것이 아닌가. 출근 시간이 임박했지만 놓칠 수 없어 흥미 있게 보았다. 핫팬티를 입은 예쁜 여자 리포터가 배를 타고 낚시꾼과 인터뷰하고 있었다. 조황을 묻고, 견짓대를 소개하며, 낚시꾼이 잡은 누치를 화면에 비춰 주며 배견지 실황을 중계하고 있었다. 그때 방송 본부에서 질문이 나왔다.

"그럼 그 낚시, 미끼는 무엇을 씁니까?"

일순 어떤 대답이 나올까 걱정스러워졌다. 때는 아침 식사시간인 것이다. 곧 그 아가씨 리포터의 발랄한 대답이 거침없이 나왔다.

"예, 애벌레를 써요."

그 순간 실소를 금치 못했다. 그 아가씨의 대답이 미리 준비된 것인지, 아니면 재치인지.

그렇다. 구더기는 말 그대로 애벌레이다. 고어에서 구더기(蛆)는 귀더기, 혹은 귀덕이(몸이 썩어 귀덕이 나거늘, 體腐蛆生: 五倫行實圖)라고 불렸다. 경남지방의 방언으로는 귀더리이다. 2년 전인가 귀덕이(貴德)라는 연속극이 인기를 끈 적이 있다. 주인공 귀덕이의 애칭이 '덕이'이다. 그렇다면 견지 사이트에서 구더기를 덕이라고 부르기로 한 것은 적절한 작명이라고 생각된다.

낚시 미끼로 고맙게 애용하고 있는 구더기가 애칭을 갖게 된 것은 좋은 일이다. 그리고 견지 사이트의 회원이 '덕이'를 부르면서 일체감을 느낄 수도 있고, 또 애칭이 일반화되면 일반명사로 정착될 수도 있을 것이다. 그러나 덕이라는 애칭을 지은 배경에 혹시 구더기가 더럽고, 미끼로 쓰는 것이 부끄럽다는 잠재의식이 깔려 있는 것이 아닌지?

요즘 어린아이들은 의외로 벌레를 곧잘 만진다. 구더기도 징그럽다고는 하지만, 더럽다는 생각은 적은 모양이다. 오히려 장년 이상의 어른들이 어렸을 적 경험했던 비위생적인 장소의 구더기를 연상하고, 혐오감을 느끼는 것이 아닐까. 나 개인으로는 구태여 이름을 바꿀 필요가 없다고 생각한다. 덕이라고 불러도 파리 애벌레는 더러울 것도, 징그러울 것도 없는 구더기일 뿐이다. 오히려 '덕이'가 무엇인가 물음에 대답이 옹색해질 수도 있다.

그렇지만 여러 사람이 덕이라고 이름을 바꾸자고 한 것은 좋아하는 낚시, 그 미끼에 예쁜 애칭을 붙이자는 의도인 것으로 생각한다. 견지낚시용 구더기는 미끼로 판매하기 위해 별도로 양식한 것이라지만 일반인들에 호감 가는 대상이 아님은 분명하다. 하지만 우리네 견지꾼들에겐 피라미, 눈치가 즐겨 드시는 효자 미끼로서, 손맛을 보장하는 대견스럽고 기특한 애벌레일 따름이다.

5. 지혜로운 자는 물을 사랑하노니, 智者樂水

어진 자는 산을 사랑하고(仁者樂山), 지혜로운 자는 물을 사랑한다(智者樂水)고 하였다. 공자님이 제자와 나눈 물에 관한 대화이다.

"지혜로운 자는 어찌하여 물을 좋아하는 것입니까?"

"물이란 순리를 따라 흐르되 작은 빈틈도 놓치지 않고 적셔드니 이는 마치 지혜로움을 갖춘 자와 같고, 움직이면서 아래로 흘러가니 이는 예를 갖춘 자와 같으며, 어떤 깊은 곳도 머뭇거림 없이 밟고 들어가니 이는 용기를 가진 자와 같고, 막혀서 갇히게 되면 고요히 맑아지니 이는 천명을 아는 자와 같으며, 험하고 먼 길을 거쳐 흐르면서도 마침내 허물어뜨리는 법이 없으니 이는 덕을 갖춘 자와 같다."

공자의 말은 물과 지혜로운 자를 이야기 하지만, 견지낚시를 함과도 같다. 견지꾼이 순리를 따라 흐르는 여울을 찾아 빈틈없이 자리를 찾으니 이는 지혜로움을 갖춘 것이다. 여울을 보며 험한 돌길을 밟고 움직이면서 물결에 순응하여 자리를 찾아가니 이 역시 예를 갖춘 것이다. 또한 어떤 깊은 여울이라도 머뭇거림 없이 수장대를 짚고 들어가니 이는 용기를 가진 것이다. 깊은 여울에 들어 서 더 나가지 못하게 되면 고요히 맑은 마음으로 물의 흐름에 몸을 맞기고 물고기와 대화하며 즐길 줄 아니 이 또한 천명을 아는 것이다. 험하고 먼 여울 길을 다니면서 흐트러짐 없이 견지를 드리워 시종이 여일하니 이는 덕을 갖춘 것이다.

견지낚시꾼이 여울을 사랑하여 공자님이 말씀하신 물에 대한 지혜, 예의, 용기, 천명, 덕을 갖추고 있으니 어찌 지자(智者)가 아닐쏘냐. 게다가 여울에서 동호인을 만나면 자리를 양보하며, 미끼를 서로 나누니 이는 지자가 갖추어야 할 5덕목(五德目)에 인자(仁者)의 덕목까지 갖춘 것이다.

6. 맛있는 미끼

낚시 미끼를 고를 때 낚시꾼은 냄새가 좋은 것을 고른다. 고소하고, 구수한 냄새가 물고기도 잘 잡힐 것 같은 선입감에 사로잡혀서이다. 물고기의 식성과 사람의 느낌이 같은지는 모르지만. 대체로 식물성 미끼는 주원료가 깻묵이나, 전분이어 사람이 먹어도 별 해로움은 없을 것이다. 그러나 동물성 미끼는 맛이 어떨지, 좀 거시기하다. 동물성 미끼를 먹는 이야기이다.

한 의사 선생이 붕어낚시를 배워 홀딱 빠지게 되었다 한다. 그런데 이 의사의 고충이 지렁이를 만지는 것이었다. 낚시를 하려면 지렁이를 바늘에 꿰어야 하는데 평소 직업상 위생정신이 투철한 분인지라 어디서 나온 것인지 모르는 그 '환형동물'을 손으로 덥석 잡기에는 좀 께름했기 때문이었다. 그래서 낸 아이디어가 핀셋을 쓰는 것이었다. 꼼틀거리는 지렁이를 핀셋으로 잡아 바늘에 꿰는 것은 난사 중 난사였다.

하루는 의사 선생이 새벽에 낚시를 떠났다. 직업과 책만 알던 분이 야외생활을 즐기게 된 것을 기특하게 여긴 사모님께서는 정성껏 김밥을 싸 주셨다. 낚시터에 도착한 의사는 낚시를 시작했는데 그날따라 입질이 줄이어 오고 굵은 붕어가 연방 잡혔다. 부지런히 미끼를 갈아주고 바쁘게 낚시를 하다 보니 자기도 모르게 어느새 지렁이를 덥석덥석 잡아 바늘에 꿰고 있었다.

한참 낚시를 하다 보니 배가 고파졌다. 그러나 입질은 연상 오고 찌에서 눈을 뗄 여유도 없었다. 눈으로 찌를 응시하면서 오른 손으로는 낚싯대 손잡이를 잡고, 할 일 없는 왼손으로 가방을 더듬어 김밥을 꺼내 먹고 있었다. 평소라면 당연히 손을 씻고 식사를 해야지만 그 날은 그런 생각조차 들지 않았다. 그런데 옆에서 낚시는 하는 사람이 우연히 보니 김밥을 물고 있는 의사 선생 입가에 빨간 실 같은 것이 대롱대롱 하다 입으로 쏙 들어가 버리더란다.

낚시 가방에는 점심참 감인 김밥과 같이 당연히 지렁이 봉지도 들어 있었다. 그런데 봉지에서 탈출한 지렁이가 서늘한 곳을 찾아 김밥으로 숨었고, 의사 선생은 그것도 모르고 맛있게 잡수신 것이다. 지렁이를 신문지로 싸서 팔던 1960년대의 이야기이다. 그 후 그 선생은 더욱 낚시를 즐기셨고, 물론 지렁이를 손으로 잡는 것은 아무런 문제가 없었다. 그날 그 분이 잡수신 김밥 맛이 어땠는지는 본인에 물어 보아야 알 수 있는 일이다.

견지낚시 미끼는 구더기이다. 꾼들이 이름이 좀 거시기하다고 '덕이'라는 별칭으로 부르지만 냄새가 그다지 향기로운 물건은 아니다. 견지낚시를 하루 종일 하노라면 수없이 이 덕이를 주무르게 마련이다. 견지낚시에 이력이 나면 덕이가 더럽다는 생각이 더 멀리 사라져 버린 것은 물론 예쁘게 보일 정도로 친근감을 갖게 된다. 그러나 맛있어 보인다는 생각을 가진 사람은 거의 없을 것이다.

그런데 낚시 친구에게서 들은 이야기이다. 덕이를 잘 잡수는 분이 있다는 것이다. 그 분의 말에 의하면 맛이 꽤 좋다는 것이다. 그 분은 하루 종일 낚시를 하며 덕이를 바늘에 꿰다 맛있게 보이는 것은 물고기에 앞서 본인이 드신다는 것이다. 맛도 있을 뿐 아니라 건강에도 좋다고 하신단다.

정말 구더기를 먹어 본 사람의 이야기가 텔레비전에 나왔다.

"처음에는 이상해서 망설였지만 씹어 보니 속은 푸딩 같고, 껍질은 아주 고소해요. 맛있었어요."

KBS '도전 지구탐험대'에 출연해서 아마존 오지부족의 생활을 체험한 늘씬한 미녀 탤런트의 말이다. 물론 지렁이나, 덕이나 단백질 덩어리인 것은 사실이라서 건강에 좋고, 맛도 있다는 그런 말에 반론을 제시할 생각은 없지만 직접 시식해 볼 맘은 추호도 없다.

견지꾼들은 낚시를 하며 진종일 덕이를 주무른다. 그 손으로 담배도 피고, 과자도 집어 먹는다. 김밥을 먹는 경우도 당연히 있을 것이다. 그러는 사이에 자기도 모르게 덕이의 엑기스가 손에 묻어 인체로 들어갔을 가능성이 매우 크다. 또 자신도 모르게 김밥이나, 과자에 숨어 든 덕이를 몇 마리쯤 잡수신 분도 있을 것이다. 견지꾼들이 흔들리는 배 위에서 참선하듯 정좌한 채, 또 흐르는 여울 속에서 직립한 채 굳건히 버틸 수 있는 스태미나의 원천이 바로 그 것, 덕이에서 기원한 것일지도 모른다.

지렁이 엑기스를 내어 가공한 식품이 있다. 이른 바 토룡탕(土龍湯)이다. 덕이를 가공한 식품이 나온다면 그 이름은 당연히 봉난탕(鳳卵湯)으로 해야 한다고 씰 데 없는 생각을 하며 혼자 픽 웃어 본다.

7. 세상에 듣기 좋은 소리가

듣기 좋은 소리, 맑은 목소리를 지칭할 때 '은쟁반에 옥구슬 구르는 소리'라는 표현이 있다. 희디흰 은쟁반에 푸른 옥으로 만든 구슬이 '또르르' 구른다. 흰 쟁반도 보기 좋거니와 푸르디푸른 영롱한 옥구슬이 쟁반 위를 구르는 소리가 귀를 즐겁게 한다. 쟁쟁낭낭(錚錚朗朗)한 그 소리, 가만히 귀를 기울여 듣는다. 정말 귀를 즐겁게 하는 듣기 좋은 소리가 아니겠는가?

옛 분들이 듣기 좋은 소리를 재미삼아 논한 글이 전해지고 있다. 송강 정철(松江 鄭徹), 서애 유성룡(西崖 柳成龍), 백사 이항복(白沙 李恒福) 세 사람이 술자리에서 서로 듣기 좋은 소리를 논했을 때 유서애는 술 따르는 소리를 꼽았고, 이백사는 미인의 옷 벗는 소리를 꼽았다고 홍만종(洪萬宗)이 쓴 책에 전한다.

유서애는 '금잔에 술 따르는 소리(金樽酒摘聲)'가 가장 듣기 좋다고 하였다. 호주가, 애주가들이 둘러앉아 술통을 연다. 맑은 미주의 향기가 코를 자극한다. 그리고 금잔에 술을 따르는 소리가 쪼르륵 들려온다. 주호들에는 미치도록 듣기 좋은 소리라 아니할 수 없다. 그리고 그 소리가 어찌 단순한 술을 따르는 소리이랴. 좋은 사람들과 좋은 자리, 그리고 좋은 술이 어우러진 도도한 흥취의 시발인 것이다.

이백사는 '미녀가 비단치마 벗는 소리(佳人解裙聲)'가 가장 듣기 좋다고 하였단다. 달빛이 비치는 어둑한 방. 사내는 비스듬히 누워 사랑하는 여인을 기다린다. 아름다운 그녀가 망설이는 손으로 옷고름을 풀고 가만히 치마를 내리고 있다. 비단옷의 스치는 소리가 사각사각 들려온다. 하룻밤 사랑과 열락의 기대감에 차 있는 사내에게 은밀히 들려오는 그 소리. 참으로 듣기 좋고, 황홀한 소리가 아니겠는가?

정송강이 어떤 소리가 좋다고 했는지는 전해지지 않고 있다. 그리고 그 소리 품평회의 평가는 '가인해군성'이 좀 득세한 모양이었다. 이와 관련된 작자 미상인 시조가 있다.

金樽의 酒滴聲이 玉女의 解裙聲이
此兩聲之中에 어느 소리 더 좋으리
아마도 月沈三更에 解裙聲인가 하노라

그 외에도 더 듣기 좋은 소리가 있단다. '사랑하는 자식이 글 읽는 소리(愛子讀書聲)'이란다. 아비가 사랑에서 안채에서 들려오는 소리에 귀를 기울인다. 어린 아들이 책을 읽고 있다. 아비도 잘 모르는 그 어려운 책을 어린아이가 좔좔 읽어내려 간다. '허, 그 어려운 글을... 크게 될 놈이야, 아문.' 어린 아들이 책을 읽는 청아한 소리를 듣는 아비의 가슴은 벅차오른다. 흐뭇함에 입이 벌어지는 줄도 모른다. 가문의 밝은 장래를 기대하며 포만과 충일에 젖어 듣는 글 읽는 소리. 이보다 더 듣기 좋은 소리가 또 있겠는가?

헌데 세상에 듣기 좋은 소리가 어찌 이뿐이겠는가?

청평댐 하류에 배를 띄우고 견지낚시를 하는 꾼들이 듣기 고대하는 소리가 있다. 견지낚시는 물이 흘러야 낚시를 할 수 있다. 청평댐은 발전을 하기 위해 수문을 열고 물을 하류로 흘린다. 그런데 최근 수년 들어 방류시간이 고르지 않다. 상류에 금강산댐이 생겨 수량이 부족한 탓인지, 아니면 화력과 원자력 발전으로 수력발전 수요가 적어진 탓인지 수문을 열고 방류하는 시간이 영 들쑥날쑥하다. 특히 대물 누치가 출몰하는 늦가을로 접어들수록 이러한 경향이 심하다.

청평댐에서 수문을 열어 방류를 시작하면 순식간에 호수에 물결이 일고 물살이 세어지고 강물이 도도히 흐른다. 그러나 수문을 닫으면 금방 고요 평평한 호수가 되어 버린다. 그래서 청평댐으로 배 견지낚시를 가는 꾼들의 우선 관심사가 수문을 제때 여는가이다. 또 발전 시간이 얼마나 지속되는가이다. 물이 흘러 한참 살진 멍짜가 연방 올라오다가 어쩐 일인지 유속이 약해지더니 물이 서 버린다. 발전이 그치고 수문이 닫힌 것이다. 그와 동시에 누치의 입질은 야속하게도 뚝 그친다. 오늘 낚시는 베려버린 것이다.

갈수기에는 하루 종일 방류를 않기도 한다. 대어와 풍어의 꿈에 젖어 청평 나루터에 모인 꾼들은 발전소에서 물을 흘리는 시간을 기다린다. 대개 방류는 매시 정각에 한다. 9시가 지났다. 그럼 10시 정각을 기대한다. 야속하게도 12시가 지나도 방류를 않는다. 지친 꾼들은 투덜대며 다른 여울로 발길을 옮기기도 하고, 질긴

꾼은 낮잠을 자며 버티기도 한다. 오후 2시가 되었다. 그때 상류 쪽 댐에서 홀연 '딩동 댕'하는 소리에 이어 발전소의 경고 방송이 시작된다.

"청평댐 발전소에서 알려드립니다. 이제부터 발전을 시작합니다. 발전을 하면 급격히 강물이 붇고, 유속이 급해져 대단히 위험하오니 청평댐 하류에 계신 분들은 강 밖으로 나가 주시기 바랍니다. 다시 한번 알려드립니다.........."

방류를 고대하던 꾼들에게는 마치 천상의 복음처럼 들린다. 낚시꾼에게 배를 빌려주고 미끼를 대주는 뱃집도 마찬가지다. 위험하니 강 밖으로 나가란 경고방송 소리임에도 불구하고 나루터는 아연 활기를 띤다. 꾼들은 제가끔 자기가 마음먹은 자리로 배를 몰아 바쁘게 움직인다. 풍어의 기대감으로 희희낙락하면서.

멀리 '댐 위에서 들려오는 딩동 소리(堤上澄錚聲)'. 하루 낚시의 즐거움과 멍짜의 짜릿함을 기약하는 이 소리. 이 아니 반갑고 듣기 좋은 소리가 아니겠는가? 바쁜 생활에 틈틈이 청평댐에 오는 배견지 낚시꾼들은 이 '딩동 댕' 소리를 듣는 즐거움을 잘 알고 있다. 참으로 듣기 좋은 소리다.

8. 디카의 보급과 누치 생존의 상관관계

누치는 1m 가까이까지 자라지만 견지낚시에서 잡힌 누치는 80cm 가까운 것이 기록인 것으로 알려져 있다. 보통 견지낚시꾼은 50cm만 넘으면 '멍'으로 부르고 대물 대접을 하며, 60cm 넘는 놈은 '대멍', '그분'이라고 부르며 외경의 대상으로 삼고 있다.

70cm 넘는 대물을 여울에서 만나고, 또 그 놈을 손에 잡을 수 있다면, 그것은 정말 일생의 행운일 것이고, 복 많고 인연이 닿아야 만날 수 있는 기회일 것이다. 그런 조과를 올린 꾼은 두고두고 자랑거리가 될 것이며 삼대에 걸쳐 적선을 많이 한 사람일 것이다.

낚시꾼은 심리적으로 조황을 자랑하고 싶어 하고, 증거를 남기기 원한다. 혼자 즐기자고 한 낚시라지만 남이 인정해 주지 않으면 섭섭하다. 그래서 먹지도 않는 물고기를 비린내를 풍겨 가면서 집으로 가져간다. 집안 식구에게 보여주고, 그도 모자라면 이웃에 물고기를 돌려서 조황을 자랑한다.

대어를 잡으면 그 비린내 나는 놈을 들고 사진을 찍고 나서 증인을 두고 서명도 받고, 박제를 하거나 어탁을 떠두고서 두고두고 자랑거리를 삼는다. 물론 요즘과 같이 디지털 카메라가 보편화되기 이전의 이야기이다. 필름 카메라는 불편도 했고, 또 그 사진을 남에게 돌리기도 불편했다.

그럼 어탁을 뜨고 난 후 그 고기는 어떻게 되었을까? 먹기도 했겠지만, 쓰레기 통으로 들어간 놈도 있을 것이다. 박제를 당한 놈은 비쩍 마른 상태로 벽에 걸려 좀먹어 가다가 세월이 지나면 대충 버림받을 것이다.

누치는 수많은 알을 낳지만 치어로 부화될 확률은 낮다. 또 자라면서 천적에 먹히고, 어부에 잡히고, 낚시꾼에게 걸리면서 이런 저런 험한 생활을 겪다보면 그렇게 큰 놈으로 살아남을 확률은 점점 희박해진다. 만약 70급이라면 여러 십년 험한 물속 세상을 살아왔을 것이고, 노리는 꾼들을 피해 살아온 운 좋은 놈이다. 그런 놈이 한때 실수와 방심으로 구더기 몇 알을 탐내다가 곤욕을 치르게 된 것이다.

모두가 귀한 생명이다. 먹지 않을 물고기라면 사진이나 찍어 물증이나 남기고, 만져 보았다는데 만족해야 하는 것이 아닌지 모른다. 60, 70cm가 넘는 누치가 그만큼 자라고 살아남아 있는 동안의 그 세월과 공력에 대해 마땅히 존경심을 보여야 한다고 본다.

요즘 디카를 가지고 물에 가는 꾼들이 늘고 있다. 디카가 아니면 핸드폰이 있으니까 거의 100%가 영상을 담을 준비가 되어 있다. 이러한 상황이 누치 생명을 보존하는데 기여하고 있다고 본다. 전 같으면 물증삼아 집으로 가져가야 할 것을 이제는 간단히 영상으로 잡아 증거로 남기는 것이 가능해진 때문이다. 또 남에게 자기의 조황을 알리는데도 인터넷을 통해 효과적이다. 폭발적인 리플을 기대하는 즐거움도 있다. 디카의 보급 덕분에 대물 누치가 고향인 물속으로 살아 돌아갈 확률이 늘어나고, 손맛만 보고 물고기를 물로 돌려보내는 꾼들이 늘고 있다.

디카의 보급률과 누치의 생존관계는 정(正)의 상관관계이라고 생각해 보고 혼자 싱겁게 웃어본다.

9. 한 장의 그림 '그 옛날 여름에'

2004년 7월 8일자 조선일보의 '아버지의 추억' 코너에 만화가 이현세 씨는 선친을 추억하는 글을 쓰면서 아버지와 견지낚시를 하는 그림을 싣고 있다. 이현세 씨는 경북 영일만에 있는 흥해에서 태어났다. 아버지는 자갈밭을 개간해 농사를 짓는 소농이었고, 경주로 이사를 가 경주 철도역에 근무하던 중 현세 씨가 겨우 아홉 살일 때 사고로 별세하였다고 한다.

이현세 씨가 그림을 실은 것은 자신이 화가였다는 점도 있지만, 아쉽게도 아버지와 찍은 사진이 없었기 때문이란다. 현세 씨는 '그 옛날 여름에...'라고 그림 제목을 붙이고 있다.

부친과 함께 찍은 사진이 없다는 점은 이현세 씨에게 무척 아쉽고, 섭섭한 일이겠지만, 아버지와 견지낚시를 하던 추억을 그린 그림은 보는 사람에게 따듯한 정감을 느끼게 하며, 낚시와 자연의 생동감을 그대로 전해주고 있다.

이현세 씨는 고향의 여울을 아름답게 묘사하고 있다.

"내 고향은 넓은 모래사장을 따라 해당화의 숲이 길게 이어져 아름다운 해변을 만들었던 곳이다. 그 해변으로 흐르는 강 건너

제방 아래 자갈밭이 길게 펼쳐져 있었다."

그 아름다운 강에서 아버지와 아들은 물에 들어서서 견지낚시를 한다.

해가 쨍쨍 뜬 한여름, 여울에서 아버지는 어린 아들을 무등을 태우고 견지낚시를 하고 있다. 아버지 어깨에 올라타고 있는 아들은 잡은 물고기를 담은 들통을 들고 있지만, 두 사람 모두 견지낚시에 잡혀 올라오는 물고기에 시선이 집중되어 있다. 과장되게 보이는 눈은 얼마나 두 사람이 낚시에 몰입되어 있는 가를 전해 준다. 어린이의 이마에는 땀이 흐르고 있지만, 더워서라기보다 물고기를 잡는 흥분에 겨워서일 것이다.

이현세 씨는 1956년생으로 그림의 시기는 대체로 1960년대 초인 것 같다. 이 그림이 보여 주는 견지낚시는 요즘에 하고 있는 견지낚시의 모습과는 다소 차이가 있다.

우선 아버지가 들고 있는 견지는 얼레바탕이 크고, 손잡이가 짧게 묘사되어 있다. 옛 '얼레낚시'의 형태이다. 또 아버지는 오른손에 견지를 잡고, 왼손으로는 줄을 당기고 있다. 견지대가 예민하지 못한 시절에 하던 '줄목을 잡은' 모습이다. 줄목을 잡는 이유는 물고기의 입질은 실을 통해 손으로 바로 느끼고, 또 큰 물고기를 끌어들일 때 힘과 방향을 유도하기 위해서이다.

영일만 근처에서 1960년대 초에 이런 형태의 견지낚시를 하고 있었다는 것은 놀라운 일이다. 대체로 견지낚시는 한수 이북에서 성행하던 낚시로 남부지방에서 흔한 낚시가 아니었다. 만약 이현세 씨를 만날 기회를 갖게 된다면 몇 가지를 묻고, 확인하고 싶다.

첫째, 흥해에서 견지낚시를 했다면, 그것이 그 지역의 일반적으로 성행한 낚시였는지, 또 어느 강에서 낚시를 하였는지,

둘째, 그러한 낚시를 그곳 이름으로는 무엇이라고 불렀으며, 그 '얼레'는 무엇이라고 불렀는지,

셋째, 이현세 씨의 부친이 흥해 토박이인지, 아니면 혹시 북쪽

에서 월남한 분이 아닌 지에 대해서이다.

이현세 씨는 만화 ‘공포의 외인구단’ 시리즈의 작가로 널리 알려져 있고, 지금도 왕성한 창작활동을 하고 있는 한국의 대표적인 만화가이다. 이현세 씨가 어린 시절 아버지와 견지낚시를 하던 추억을 그린 한 컷은 본인에게도 뜻 깊은 그림이겠지만, 전승낚시인 견지를 풍성하게 만드는 또 하나의 모티브가 될 수도 있을 것이다.

영일만 해변, 해당화 숲가의 아버지와 아들이 즐겨 찾던 아름다운 강여울은 지금도 맑게 흐르고 있을까?

10. 마늘님과 함께 낚시를

부부는 늙으며 닮아 간다고 한다. 이 말이 진리인지, 통칙인지는 잘 모르겠지만 어찌어찌 만난 우리 두 사람이 삼십 수 년 동안 서로 맞춰 가며 살다 보니 부부 어언간 닮아 가는 것을 느끼겠다. 그리고 두 사람의 인상이 서로 비슷하다는 말을 자주 듣는다.

그러나 이 마눌님이 평생 영감을 이해하지 못하는 점이 낚시이다. 같이 늙어 가면서 영감·마누라가 같은 취미를 가지는 것이 어떠냐고 수년간 온갖 감언이설을 다해 꼬여 보았지만 막무가내다. 하루 종일 하자는 것도 아니고 잠깐, 한두 시간만 나란히 여울에 서서 파득대는 피라미도 잡아 보고, 그리고 인생사 이런저런 이야기나 나누며 같이 즐기며 같이 늙어감이 어떠냐고. 그러나 이러한 설복이 씨도 안 먹히는 게 수년간의 현실이었다. 좀 강압적으로 나가면 오히려 반발이 올 지경이었다.

부부가 드라이브를 즐겨 강원도 이곳저곳 싸다닌다. 어쩌다 깊은 산 속에 흐르는 푸른 강물을 보면 가슴이 설레고 흥분된다. 오대천, 내린천, 산자수명하고 살진 고기가 놀 만한 곳은 부지기수다. '야, 저런 곳에서 견짓대를 드리우면 정말로', 하며 혼자 침을 흘린 적이 한두 번이 아니다.

마눌님과 동행했던 길에 두어 번 여울에 잠깐 들어 선 적은 있다. 차를 세워 놓고 정말로 잠깐만 해 보겠다고 달래 놓고 여울 속에 들어서면, 자리 잡기가 무섭게 금방 '여보' 소리가 들려온다. 가자고. 그 잠깐을 못 참아 주냐고 하소연해도 자기가 좋아하는 일이지만 구경하는 나는 뭐냐며 쫑알댄다.

그러다 집요한 내 설득이 주효했는지 몇 년 전부터 말투가 약간 바뀌게 되었다. 내년 날씨가 화창한 계절에 잠깐 해 보자는 반 허락이 내렸다. 그러나 그것도 망한 회사 부도어음처럼 수년간 끌더니 금년에 드디어 마눌님께서 드디어 여울에 납신 것이다.

진부에서 정선 북평으로 가는 길에 '정선가는 길'이라는 제법 무드 있는 통나무집 카페가 있다. 그 앞 오대천 여울이 정말 그럴싸하다. 그 집에서 점심을 먹고 무조건 장화를 입혀 여울로 끌고 가니 웬 일인지 같이 물속에 선다. '됐구나.' 쾌재를 올리며 견짓대 중에서 촉감이 제일 좋은 1번 대에 미끼를 끼워 주며, 대충 챔질은 이렇게 하는 거라며 시범을 보인 후 미끼를 물살에 흘리는 것을 보고, 내가 낚싯대를 드리울 참이었다.

"왔네." 하는 소리에 돌아보니 벌써 피라미를 한 마리 걸은 것이다. 그 순간 마눌님의 입가에 묻어 있던 미소를 잊을 수 없다. 내 낚시는 접어 두고 고기를 따고, 새 미끼를 달아 주는 등 그야말로 계속 풀 서비스를 했다. 잠깐 동안 마누라님이 잡은 고기가 13마리. 세상에 물고기 잘 잡히는 낚시 싫다는 사람은 없다는 말이 있다. 두어 시간 하고 낚시를 거두자 하시는 말씀,

"재밌는데."

그날 내가 잡은 피라미는 불과 8마리. 일심정력으로 마눌님 재미들이시는 데만 신경을 쓴 결과였다.

귀로에 마눌님 하시는 말씀이 할 만한데 조건이 있다는 것이다. 우선 낚시는 하되 시간은 두어 시간으로 하자고, 그리고 바지 장화가 얇으니 당신이 신고 있는 바로 그것과 똑같은 놈으로 준비하라고. 황감하신 말씀이었다. 그리고 사족으로 붙이시는 말씀이 물속에 서 보니 물살이 다리를 스치는 것이 물 안마 효과가 있어 신경통에도 좋은 것 같다나. 그날이 바로 1998년 8월 3일, 기억하고 기념할 날이다.

그해 여름 마눌님과 같이 홍천강에 두 번, 내린천에 세 번 견지낚시를 갔다. 아직 큰 재미는 느끼지 못하지만 그런대로 할 만한 모양이다. 아마도 영감이 미끼부터 모든 것을 서비스하는 한 하실 만할 것이다. 그러다가는 눈 먼 눈치가 한 마리 걸려 손맛 한번 제대로 보게 되면 지가 별수 있을까, 자기 손으로 미끼를 끼게 될 것이다. 그 날만을 기다린다.

어느덧 겨울이 되어 물가에는 못 가고 견짓대만 쓰다듬으며 봄을 기다린다. 겨울이 왔으니 어찌 봄이 멀리오. 이제 본격적으로 우리 미리내 여사와 함께 견지를 다닐 계획이다.

미리내와 하상, 2006년 홍천강 되룡리에서

11. 미리내 여사의 견지낚시 출발

가뜩이나 낚시를 좋아하던 남편이 견지낚시에 빠지게 된지도 어언 20여 년. 이 영감이 시간만 나면 무슨 핑계라도 대며 여울로 도망친다. 또 함께 나들이를 갈 때에도 행선지를 묘하게 잡아 놓고 여울에 들려간다. 그리고는 잠깐만 견지를 해보겠다며, 어디에 감춰 놓았던 것인지 그 요상한 미끼를 담은 통을 목에 걸고는, 쇠작대기를 짚고 여울로 들어선다. 그러고는 파리채 같은 낚싯대를 하염없이 흔들고 서 있었다.

처음에는 영감이 물속에 들어서서 낚시를 할 때 미리내 여사는 밖에서 시계를 보며 시간을 재고 있었다. 약속 시간은 1시간이다. 시계를 보던 미리내 여사가 소리친다.

"시간 다 됐어요. 나와요."

바깥양반 이 선생이 아쉬운 한숨을 쉬며 나오는데 좀 미진한 모양이다.

"조금만 더 참지. 지금부터 입질이 오는데."

"당신은 좋아서 하는 것이지만, 밖에서 떨며 기다리는 사람 생각은 않아요?"

그러던 미리내 여사가 금년부터는 본격적으로 견지낚시를 하기로 하였다. 물론 전에도 견지를 같이하자고 꼬이는 영감의 감언이설이 없었던 것은 아니다. 그러나 무슨 맛에 낚시를 하는지 모르겠다며 외면하던 미리내 여사가 심경의 변화가 일어나 올해는 본격적으로 견지를 하기로 작심한 것이다.

같이 늙어가면서 좋은 취미를 공유하는 것도 뜻있지 않겠냐는 영감의 유혹에 약간 솔깃해진 점도 있었다. 그리고 영감이 밖에 나가 무얼 하며 노는지 알고 싶은 마음도 있었다. 그리고 날이면 날마다 낚시터로 영감이 도망간 뒤 혼자 집을 지키는 무료함도 작용했다. 게다가 영감의 놀터인 인터넷 견지 사이트를 보게 된 후 무언가 재미가 있을 것 같다는 호기심도 작용했다.

전에도 강권과 유혹에 못 이겨 같이 몇 번 여울에 선 적이 있었다. 그러나 물고기가 파닥되는 재미도 없진 않았지만, 여울에 오래 서있으면 춥고, 물살도 세서 별 재미를 느끼지 못하던 차였다. 하루는 영감이 낚시 친구들과 1박 2일로 낚시를 간다며 지나가는 말처럼 '같이 가던지' 하는 말 한마디에 선득 마음이 동했다.

"나도 가요."

간 곳은 홍천강 왕박골이라는 곳이었다. 2004년 9월 초, 아직은 더운 날씨에 석양녘 여울에 서서 견지를 드리워 보았다. 그런대로 재미가 있었다. 미끼는 물론 영감이 끼워 준다. 또 물고기가 잡히면 떼어내고, 새로 미끼는 다는 것도. '흥, 40 수년 경력의 낚시꾼을 조수로 두었는데 이런 서비스는 당연한 것이지.' 속으로 되뇌이며.

내친 김에 견지협회에서 주관하는 견지학당에도 참여해 보았다. 토요일 오후에 홍천강에 가서 저녁에는 이런저런 강의도 듣고, 이튿날에는 개야리 여울에서 실습도 해 보았다. 강습이 끝나고 나서는 '제4기 견지학당 수료증'도 받았다. 흐뭇한 하루였다. 성미 급한 영감이 퉁명스럽게 가르쳐 주는 것보다 고수 교관의 시범은 눈에 쏙 들어왔다. 별 것 아니네. 그럭하면 되는 거지.

배견지도 따라 나섰다. 두 번째 출조에서 꾼들이 '멍짜'라고 부르는 것도 만났다. 견짓대를 확 채는 엄청난 입질. 그리고 견짓대를 뒤흔들면서 도망가는 대물의 몸부림. 느껴보지도 못하였고, 생각해 보지도 못한 엄청난 힘이었다. 영감의 도움으로 누치라는 그 엄청난 놈을 뜰채에 담을 수 있었다.

"50cm 좀 넘겠는데."

하는 말에 좀 섭섭한 감이 들었다.

"흥, 재보지도 않고... 한 60cm는 될 거야."

한가지 마음에 걸리는 것은 누치를 올리는 동안 영감의 도움을 받았다는 것이다. 다음에는 멍짜를 꼭 내 손으로 잡아야지. 그런데 기회는 곧 닥쳐왔다. 그 다음 주일 나란히 배에 앉아 영감은 간간히 누치를 걸어내는데 미리내 여사에게는 영 소식이 없다. 5시가 가까워 해는 산에 걸려 어둠이 짙어지고 있었다.

그때 미리내 여사의 손에 놀라운 진동이 느껴졌다. 그리고 화다닥 대며 견지가 풀리기 시작했다. 영감이 말하는 '통줄튀김'이 일어난 것이다. 멍짜닷! 미리내 여사의 가슴은 콩닥대기 시작했다. 저번 놈보다 훨씬 힘도 강하고, 움직임도 엄청났다. 아무리 대를 돌려 줄을 감으려 해도 감기지 않는다. 애를 쓰고 줄을 좀 감아 놓으면 후다닥하며 줄이 다시 풀린다. 한참을 그러고 있노라니 누치가 힘이 빠진 모양인지 줄이 조금씩 감기기 시작한다. 한참을 감았는데도 추를 단 고무줄도 보이지도 않는다.
"천천히, 천천히."
옆에서 영감이 응원한다. 그런데 영감의 말에 미리내 여사 오기가 동한 모양이다. 견짓대를 좀 힘을 주어 채어 보았다. 그 순간 헛청하는 촉감이 손에 전달되고는 그 무겁던 견지대가 가벼워졌다. 누치가 도망친 것이다. 그 허전함, 그리고 허망함. 그날 이후 미리내 여사의 눈에는 멍짜가 선하였다.
"애고 내 멍짜, 멍자야, 멍순아."

비로소 미리내 여사는 대어를 좇아다니고, 멍짜를 찾는 꾼들의 심정을 이해할 수 있었다. 그 다음부터 미리내는 영감이 낚시가방을 메면 의래 같이 나서게 되었다. 왕박골에도 두 번 더 갔다. 이제는 물살이 센 여울도 그리 겁나지 않았다. 그리고 얼굴이 탈까봐, 손이 탈까봐, 하는 걱정도 저 멀리 사라졌다. 손에는 영감이 사 준 검정 낚시 장갑을 끼고, 여울에 들어설 때는 수장대부터 챙긴다.

그런데 견지란 것이 묘하다. 영감이 추를 맞추어 준 견짓대로 비슷한 폼으로 챔질을 하고 있는데도 미리내 여사에게는 물고기가 잘 잡히지 않는다. 11월 1일 왕박골 수원민박 앞 여울에서 2시간 견지를 했다. 영감은 5마리째 눈치를 잡아내고, '히히, 멍짜야.' 하며 55cm 정도 되는 싯누런 큼직한 누치를 잡아낸다. 맑은 물속에 팔뚝만한 놈이 누렇게 비치며 잠수함처럼 유영하는 모습에 약간의 질투심조차 들었다. 그런데 미리내 여사는 초장에 조그만 놈이 잡히고는 영 소식이 없다. 그러다 4시가 다되어 낚시를 거둘 때가 되서야 드디어 입질을 받았다.

"왔어요! 나는 막판 체질인가 봐."

청평에서 놓친 멍짜보다는 작게 느껴지지만 상당히 묵직한 놈이 용을 쓴다. 이번에는 남편의 힘을 빌리지 않고 끌어냈다. 그런데 생각보다 누치가 작다. 40cm 좀 넘는 정도에 불과하다. 그 놈이 힘을 쓰노라 바위틈을 파고들다 이끼가 납추에 한 줌 걸려 무겁게 느껴진 것이다. 실망스러웠다. '멍짜가 아니야.' 처음에 돌돌이 한 마리를 잡고는 감격하던 미리내 여사가 이리 변한 것이다.

견지를 시작하며 견짓대에 대한 관념도 변했다. 영감이 겨우내 한밤중에 견지를 갈고 다듬고 있으면, '귀신 나와요.' 하고 놀렸었다. 그리고 견짓대를 흔들어 보고 있는 영감에게 '할일 없이 싱겁기는... 대신 흔들어 줄까요?' 놀리던 것이 이제는 변했다. 영감은 올 들어 견짓대를 만드는데 열을 올리고 있다. 견짓대가 완성되면 미리내 여사도 한번씩 시험 삼아 흔들어 본다. 그리고는 평한다.

"이건 너무 능청대요. 수초가 걸려도 파들대겠어."

"이건 제법 짱짱한데요. 이거 내꺼 할래요."

미리내 여사도 이제는 견짓대를 약대, 중대, 강대로 구색대로 갖추어 갖고 있다. 그리고 꼭지도 예쁜 것으로 해서 옥꼭지대, 산호꼭지대, 루비대를 구비하고 있다. 영감이 대를 만들면 우선 검열을 하고 예쁘고, 쓸 만한 견지는 자기 것으로 점찍어 둔다.

11월이 되면서 올해 견지낚시 시즌이 끝나간다고 영감은 아쉬

워한다. 미리내 여사는 추워져도 다닐 수 있을 때까지 다니자고 한다. 영감이

“앞으로는 꽤 추울 텐데...”

하면,

“옷을 두둑이 입으며 돼요. 아주 추울 때까지 다녀요. 그리고 12월에서 3월까지 네 달만 참으면 돼요.”

라고, 할 정도로 미리내 여사는 마음이 바뀌었고 견지낚시에 매료되었다. 올해 안에 꼭 내 손으로 60이 넘는 ‘멍짜’, ‘멍순이’를 잡을 거야, 오늘도 되뇌고 있다.

2004년 가을, 청평에서 배견지를 하는 미리내

12. 변한 미리내

부부가 같은 취미를 갖고 즐긴다는 것이 참 어렵다. 집사람에게 낚시를 물들이노라 꽤 애를 썼지만, 약발이 안 먹혔다. 그러다가 2004년 우연히, 아주 자연스럽게 집사람이 견지낚시에 살그머니 빠져들게 되었다. 그 후부터 우리 부부는 항상 동반 출조를 원칙으로 하며 살아가고 있다. 집사람이 낚시를 하기 전과 요즘의 변화를 살펴본다.

이전: 당신은 수십 년 동안 낚시를 다녔는데 무슨 미련이 남아 또 낚시유?
지금: 우리 내일 또 이곳에 올까요?

이전: 시계 나 줘요. 지금부터 딱 30분이예요. 시간 잴 거예요!
지금: 입질 자꾸 오는데 한 시간만 더 기다려 줄게요.

이전: 물만 보면 어지럽고, 힘들어요. 그만 갑시다.
지금: 단련이 되어서인지 서너 시간은 괜찮아요. 물살이 물 안마하는 것 같아서...

이전: 왕박골이 물살이 약하고, 바닥이 편해 좋아요.
지금: 또 왕박골? 여기저기 좋은 곳 많다던데...

이전: 낚시를 하면 햇빛에 기미만 생길텐데....
지금: 반팔 옷으로 버티다, 팔뚝이 벌겋게 탔다...

이전: 낚시 두어 시간 하려구 그 먼 길을 가요?
이후: 단양은 어때요? 3시간이면 가서 충분히 손맛을 볼 수 있어요. 갑시다.

이전: 빨리 떠나요.... 집에 가서 저녁 지어먹으려면 늦어요.
지금: 우리 좀 더 낚시하다, 올라가는 길에 저녁 사먹고 천천히 갑시다.

이전: 어머나, 당신 큰 고기 잡았네요!
지금: 기다려요... 나도 멍짜를 올릴 테니....

이전: 견짓대 그게 그거지, 뭐라고 그렇게 많이 갖고 다녀요?
지금: 이 견지 내 전용 대에요. 이 놈으로 잡아야 손맛이.......

이전: 끼악!!! 이 징그런 벌레가 왜 집안에????
지금: 튼실하고, 잘 생긴 놈으로 끼어요. 그래야 대물이...

이전: 끼악!!! 이 징그런 벌레가 왜 집안에?????
지금: 덕이가 그대로 남았네. 냉장고에 넣어두었다가 내일 쓰면 되겠네. 아냐 안 되지.

이전: 어휴 이 퀴퀴한 냄새. 삼촌 차에서는 향내만 나던데.. 낚시꾼 차라니.....
지금: 구명조끼하고 장화를 잘 말려요. 냄새나지 않게... 그리고 환기 좀 시켜요.

이전: 무언가, 바늘에 걸린 것 같은데, 수초인가?
이후: 으응 이건 마자고, 파들대는 것이 요번엔 피라미, 아 쿡쿡 처박는 것이 돌돌이네. 야! 이번엔 꼭 멍짜일거야!?

이전: TV뉴스는 꼭 본다.
이후: 일기예보에 더 관심이 있다.

이전: 이 추운 겨울에 무슨 낚시유?
이후: 섬진강에서는 한겨울에도 낚시가 된다는데..

이전: 가사 이외의 일에는 관심이 적었다.
이후: 천만화소 디카가 나왔다는데....

이전: 컴퓨터를 배우라면 손사래를 쳤다.
이후: 비켜요. 내가 좀 인터넷 하게. 컴퓨터를 하나 더 살까나.

이전: 어머나, 대적비네. 크기도 해라. 월척도 넘겠네....
지금: 올해 안에 꼭 육짜를 잡아 보일거야!?

집사람은 미리내란 아이디로 견지 인터넷 사이트에서 활동하고 있다. 그리고 2010년 가을 남한강 비내여울에서 드디어 고대하던 60급cm의 누치, 즉 첫 대멍짜를 만나게 되었고, 2011년에는 대멍 두어 마리를 더 했다.

2009년 11월 25일, 남한강에서

13. 대적비가 아니라 멍짜라니까요

집사람 미리내가 본격적으로 견지낚시를 시작한 것은 최근이다. 오래전에 대낚시를 몇 번 같이 가보기도 했고, 또 견지낚시를 시작한 것이 7, 8년 전이지만 별로 흥미를 못 느끼더니 근래 부쩍 견지낚시에 심취해 있다.

견지낚시를 본격적으로 하면서 마눌님이 달라진 점은 정말 여럿 있다. 우선 컴퓨터에 별 관심이 없던 사람이 낚시 관련 홈피에 무척 관심이 생겼다. 그리고 요즘 부부 합동으로 홈피를 운영하다 보니 사진 촬영은 집사람이 담당하고 기본적인 포토샵까지 할 정도로 발전하였다. 그리고 아이디를 '미리내'라고 정하고 다른 홈피에도 방문 흔적 글을 남기기도 한다.

부부가 같이 낚시를 다니니 좋은 점이 많다. 그리고 좀은 불편한 점도 없지도 않다. 그 불편함도 홀로 낚시를 다니던 때와 같이 내 맘대로 할 수 없다는 것이지 좋은 점에 비하면 그다지 문제는 안 된다.

홀로 낚시를 다닐 때와 크게 달라진 점을 꼽아본다.

우선 출조할 행선지 결정이다. 홀로 낚시일 때에는 한 곳을 자주 가는 패턴이었다. 정해진 여울을 자주 가야 터 사정에 밝고 마음 편히 낚시를 할 수 있다. 그런데 요즘은 낚시터 선정에 미리내 입김이 작용한다. 미리내는 여러 여울에 다양하게 다녀 보기를 원한다. 그리고 인터넷에서 여울을 검색해서 찾아 놓기도 한다. 아무튼 요즘 다양한 여울에 서고 있다. 그리고 좀 먼 곳이라도 말동무가 있으니 오고가며 지루함이 없어 좋다.

다음은 낚시패턴의 변화이다. 홀로 낚시일 때는 밤낚시도 다녔고, 새벽부터 낚시터에 가서 점심도 거른 채 석양녘까지 낚시를 하기도 했다. 부부가 같이 낚시를 하다 보니 아침에 집안 일처리를 한 후 느지막이 떠나게 마련이다. 요즘은 10시경 집안 정리를 해 놓고 길을 떠나 오후에 여울에 들어선다. 그래도 몇 시간 견지는 충분하다.

이 외에도 부부낚시로 인한 변화는 있다. 공직에서 물러나서 집에 있는 시간이 늘다보니 부부가 얼굴을 마주보는 시간이 많아지고, 사소한 일로 다투기도 한다. 다툼 끝에 서로 입을 다문 채 잠들었지만, 아침이 되니 여울로 가야할 텐데 미리내는 아직도 뾰로통한 표정이다.

"준비해요. 여울에 갑시다."

하고 말하면 못이긴 채 나선다. 차를 타고 잠시 가다보면 낚시 이야기에 사소한 언쟁은 창밖으로 날라 가 있다. 반대일 경우도 있다. 괜히 화가 나서 낚시 안 간다고 큰소리는 쳤지만, 낚시를 가자고 먼저 말을 꺼내기 계면쩍을 때도 있다. 그때는 미리내가 먼저 대화의 물꼬를 터 준다.

"오늘 안 갈 꺼에요?"

기다렸던 물음이다. 낚시 준비를 하고 여울에 가 나란히 서서 챔질을 하다보면 다툰 일은 다 잊어버렸다. 조황이 좋은 날 돌아오는 길은 화기애애하다. 이처럼 동반낚시는 부부싸움 때의 화해 수단이 되기도 한다.

요즘 일상생활에서도 낚시 용어가 등장한다. 낚시꾼의 눈대중은 상당히 정확하다. 물고기를 잡고 척, 한눈에 길이를 짐작한다. 자로 재어보아도 큰 오차는 없다. 하지만 말이 그렇지 실수는 나오게 마련이다. 거실 전구가 수명이 다 되어 새로 사왔는데 길이를 잘못 보았다. 50cm가 필요한데, 40cm짜리를 사온 것이다. 미리내가 한 말씀 하신다.

"대적비가 아니라 멍짜라니까요."

울 마님 미리내 참 많이 변하셨다. 앞으로도 건강히 자주 여울에 같이 가십시다.

우리 부부의 홈페이지 하상넷

14. 낚시에 걸려 든 것은

낚시란 말은 물고기를 잡는다는 의미 외에 '어떤 간교한 목적을 달성하기 위한 수단을 쓰다.' 라는 의미가 있다. 또 '낚는다'는 속말로 '여자를 낚는다.' 고 쓰이기도 한다. 일본어에서도 '낚는다(釣る)'는 낚시 외에 이성을 유혹한다는 뜻이 있다. 중국은 어떨까? 남녀 간의 애정행각을 낚시에 비유한 중국시가 있다.

<낚시에 걸려들어서>
나는 마치 물밑의 고기처럼 물결 따라 놀고 있었는데,
당신은 마치 낚시꾼처럼 마음의 음직임을 교묘히 이용하네.
낚싯바늘에서는 달콤한 맛을 풍기게 해서,
그것을 삼키자마자 지금까지 토하려 해도 토해지지 않고,
마음이 낚시에 걸려들어서,
놓아주어도 이젠 당신을 놓지 못하네.
<牽掛> 掛枝兒
我好似水底魚隨波遊戲, 你好似釣魚人巧弄心機.
釣鉤兒放着些甛滋味, 一時呑下了, 到如今吐又遲.
牽掛在心頭也, 放又方不下你.(김학규 역, 明代詩選', 명문당)

이 시는 괘지아(掛枝兒)라는 중국 명나라의 민요이다.

여인은 남자를 사랑하게 된 자신을 낚싯바늘에 걸린 물고기에 비유하고 있다. 낚인 자신을 좀은 애교스럽게 표현하고 있고, 남자를 원망하는 것 같지도 않다. 게다가 '놓아주어도 이젠 당신을 놓지 못한다'고 하니 낚여진 것이 아니라 스스로 상대를 물고 놓아주지 않는 것이다. 누가 누구에게 낚였는지 알 수 없는 상황이다.

50여년 낚시에 빠져 살고 있다. 친구가 '그리 낚시를 하고도 싫증이 나지 않느냐'고 묻는다. 싫증이 나다니, 재미만 있고 낚시를 그만 둘 마음은 전혀 없다. 이제 낚시는 내 생활의 일부가 되어 있다. 낚시에 사로잡힌 중증환자인 것이다. 낚시에 걸린 물고기 신세와 같이 빠져 나올려도 빠져 나올 수가 없는 것이다.

낚시를 가서 물고기를 낚고 있지만, 실은 낚시라는 그 행위에 걸려든 물고기나 다름없는 신세라 자탄해 보기도 한다. 홈페이지를 방문한 한 나그네가 이름도 밝히지 않고 올려 준 재미있는 한시가 있다.

강태공은 곧은 낚시로 세상을 낚았는데,
당신은 비싼 낚시로 무엇을 낚으셨소?
그대 달콤한 언약에 넘어가,
이제는 잡힌 물고기라, 처량한 신세.
姜尙直釣得天下, 郎君求倿萬金釣. 你之甘言勾引我, 現在俘虜凄凉身.

이 시 역시 괘지아의 내용과 흡사하다. 이 시는 여인이 남자에게 낚인 경우이다. 그래도 이런 부인을 낚은 낚시꾼은 대어를 올린 셈이다.

어쨌든 낚시꾼은 병 아닌 병에 걸린 사람들이다. 아니 대체로 중증 환자들이다. 이러한 남편을 두고 한 낚시꾼의 부인이 낚시터 현장에서 지은 시가 있다(전영태, 『유혹과 몰입의 기술, 낚시』, 생각과 나무, 2008년. 90쪽.).

< 낚시꾼>
손맛 보러 간
낚시꾼 남편
바람만 맞은 날도 많건만
손바닥 만한 물고기
팔뚝만큼 자라
친구들 술자리에
안줏감으로 씹힌다.

낚시꾼들의 속성을 잘 그린 시이다. 이 시를 보더니 우리 미리내 여사가 그 자리에서 척하니 즉흥시를 지어 붙인다.

< 낚시꾼>
잠시만 틈이 나면
바람처럼 사라지는 남편

파르르 떠는 손맛이 즐겁고

묵직한 손맛은 더 즐거워라

자나 깨나 여울생각에
물괴기를 닮아간다~ ~

허허~ 그런가, 그런 것 같기도 하고. 미리내의 시가 더 좋은 것 같기도 하고...

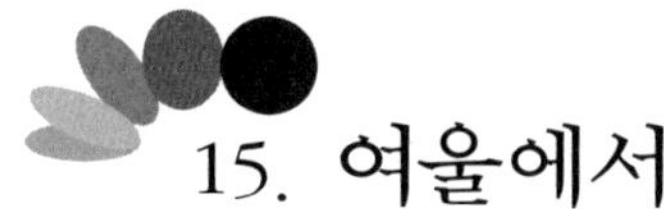

15. 여울에서

여울은 흰 포말을 일으키고
하늘은 맑고 물은 푸르다
쉼 없는 물살 나를 밀어내려 하고
흘러가는 물소리 귓전에 울린다

손에 든 가녀린 견짓대는
무엇인가를 기다리는 내 의지
상념의 줄 풀고 풀어서
여울 바닥을 더듬어 간다

이젠 물소리도 들리지 않고
사위는 정적, 무감각의 공간
그때, 내 감각의 선을
무언가가 살며시 건드린다

톡톡, 그리고 툭툭

순간 힘찬 힘이 정적을 깨며
내 의식을 저 멀리로 끌고 간다
마음이 가녀린 견지에 이어져서
허공으로 솟구친다
다시 여울 소리가 귓전에 울려온다

제3편

단편소설과 역사자료

1. 그 붉은 견지낚싯대

견지는 '납작한 외짝 얼레로 물고기를 낚시로 잡을 때에 낚싯줄을 감았다 늦추었다 하는 데 쓰는' 얼레낚싯대이다. 견지낚싯대라고도 하며 줄여서 견짓대라고 부르기도 한다. 견지는 수작업으로 만들어지며 명장이 좋은 소재로 제대로 만든 작품은 골동품 정도의 성가가 있다. 탱크의 폐 안테나를 소재로 만든 견지는 탄성이 강하고 손맛이 좋아 견지꾼들이 손에 넣기를 바라는 선망의 대상이기도 하다.

중년 사내는 허리를 펴고 창밖을 바라보았다. 한겨울이라서인지 6시가 넘으니 바깥은 한밤처럼 어두웠다. 벽에 걸린 시계를 본다. 퇴근시간이 1시간이나 지났는데도 공장에는 일을 마칠 기색이 없다.

그곳은 안테나 조립공장이다. 긴 FRP 봉에 껍질을 입히고 난 후, 칠을 하고 말린 것에 차에 연결시키기 위한 쇠 부속품을 붙이는 것이다. 사내가 하는 작업은 탱크에 다는 안테나에 부속품을 달고 포장하는 일이다. 군납용 물건이니 이 공장은 방위산업체이거나, 그런 것의 재하청 공장인 듯하다.

매캐한 유리섬유의 냄새가 공장 안에 떠돌고 있고, 희미한 불빛에 페인트 입자가 떠돌아다니는 것 같다. 한참 더 시간이 흐른다. 사내는 다시 시계를 쳐다본다. 빨리 일이 끝났으면 하지만, 작업할 물량이 아직도 많이 남아있다. 사내는 일손을 멈추고 멍하니 생각에 잠긴다. 팔이 힘없이 늘어져 있고 눈은 초점이 흐려진다.

사내는 딸내미 생각을 하고 있다. 하나 뿐인 딸이 교통사고를 당한지 며칠 안 되었다. 야간학원에서 딸이 돌아오는 것이 늦어 사내는 마중을 나갔다. 골목에서 벗어나 큰 길 어귀에 왔을 때 그는 땅에 무너진 듯 쓰러져 있는 딸을 발견했다. 뺑소니차에 당한 것이다. 아직도 병원에서 혼수상태로 있는 것이다. 어젯밤에 병원에 갔을 때 의사는 아무런 말도 하지 않고 고개를 가로저었다.

그때 작업장 문 앞에서 큰 목소리가 들려왔다. 작업반장인 김씨였다.

“모두들 집에 갈 생각은 말라고. 납기를 맞추려면 오늘도 밤샘작업을 해야 해!”

사내는 어제 조퇴를 하려고 김 반장에게 사정을 했다가 모진 소리만 들었다. 회사 그만둘 작정이냐고. 사내는 힘없이 고개를 떨어트리고 하던 일을 계속했다. 손이 힘없이 기계적으로 움직이고 눈이 몽롱해진다. 그 순간 사내의 가슴에서 무엇이 떨어지는 듯, 쿵 하는 것을 느끼고 눈앞이 캄캄해졌다. 사내는 들고 있던 안테나를 떨어트렸다. 그리고 날카로운 것이 손에 스치는 감촉이 전해졌다. 잠시 멍하니 서있던 사내는 손을 바라보았다. 안테나를 차체에 접합하는 쇠 부속이 손등을 스친 모양인지 금방 붉은 핏방울이 배어나오고 있다.

사내는 아픈 것도 느끼지 못하고 핏방울을 바라보았다. 피가 뭉클대며 나와 핏방울이 금방 커지고는 아래로 떨어져, 바닥에 놓여있는 안테나 위에 떨어졌다. 꽤 큰 핏방울이다. 피는 안테나 표면에 퍼지더니 스며들듯 금방 없어졌다. 그리고 카키색 바탕에 약간의 진한 자국만 남긴다. 사내가 다시 손을 보았다. 상처 자국만 희미하게 있고 피는 이미 멈추어 있다.

견지공방을 하는 영감은 기분이 좋다. 동두천에 나갔다가 고물상에서 폐품 탱크 안테나 한 묶음을 싼값에 구한 것이다. 30년 전만 해도 탱크 안테나로 만든 견짓대는 정말 귀한 물건이어 쌀 한 가마 값을 받을 수 있었다. 요즘엔 견지를 만드는 원소재가 흔해지기는 했지만, 탱크 안테나로 만든 견지는 보통 것의 두 배를 받을 수 있다. 그리고 아직도 미제 탱크 안테나로 만든 견짓대를 찾는 견지꾼도 많다.

탱크 안테나로 견지를 만들려면 손이 많이 간다. 우선 피복재인 껍질을 벗겨내야 한다. 그리고 굵은 대를 직경 5밀리 정도로 갈아야 한다. 영감은 가는 봉이 견지를 만드는 것이 쉽다는 것을 잘 안다. 하지만 힘들어도 굵은 안테나를 다루는 것이 작업하는 맛이 나서 싫증을 내지 않는다. 비싸게 팔 수 있다는 기대도 좀은 있다.

안테나의 껍질을 다 벗긴 영감은 헤, 입이 벌어져 혼자 말을 했다. '투명대가 여러 개인데....' 일반 탱크 안테나는 백색 불투명 FRP소재이다. 백색 소재도 훌륭하지만, 투명한 소재가 나오면 아주 좋은 견지를 만들 수 있다. 하지만 투명소재를 만나기는 매우 드문 일이다. 영감은 우선 투명한 소재만을 골라 연마작업을 할 준비를 했다.

안테나를 70센티 길이 정도로 잘라 회전 모터에 끼워 조이고는 전원 스위치를 켰다. 웽, 하는 소리와 함께 안테나 봉이 돌아간다. 거기에 입자가 굵은 사포를 대고 둥글고 가늘게 갈아내는 것이다. 예전에는 일일이 수작업을 했다. 쇠줄로 힘들여 문질러 갈아내고는 사포로 마감을 했던 것이다. 참 편해졌지, 영감은 혼잣말을 한다. 손으로 갈아내려면 힘도 들었지만, 고르게 갈리지 않는다. 굵기가 1센티가 넘는 안테나 봉을 직경 5밀리 정도로 갈려면 힘도 들고, 시간도 걸린다. 게다가 가는 도중에 날리는 유리섬유 입자는 숨을 막히게 한다.

세 개의 안테나 봉을 초벌갈이 하고, 마지막 것을 끼워 놓고 돌리는데 잘 갈리지 않는다. 강도가 세고, 탄력이 있는 놈 같다. 봉을 감싼 사포를 잡은 손가락에 힘을 줘본다. 삑 하는 소리와 함께 모터가 회전을 멈춰버렸다. 이것저것 만져 보았지만 모터는 작동하지 않는다. 영감은 쇠줄을 찾아 들고 손으로 안테나 봉을 갈기 시작했다. 웬만큼 모양이 잡히자 고운 사포로 마감 질을 했다. 이럭저럭 4대의 견지를 꾸미기 위한 마룻대가 완성된 것이다.

마룻대를 살피던 영감은 눈을 크게 떴다. 투명 대 중 하나가 붉은 기를 띠고 있는 것이다. 모터를 멈추게 한 놈이다. 가는 사포를 들고 고루 문질러 더 곱게 갈아보았다. 붉은 색이 더 선명해진다. 여러 십년 탱크 안테나를 만져 본 영감도 처음 보는 색깔이다. 영감은 다른 마룻대는 제쳐 놓고 붉은색을 띤 것부터 견지를 꾸미기로 한다.

마룻대를 눈여겨보며 이리저리 돌려본다. 소재 입자가 고르지 않은 곳은 없는지, 그리고 봉이 고르게 둥글게 갈렸는지, 또 손잡이를 할 부분부터 설장 부분까지 고르게 가늘어지는지를. 흠잡을 데가 없다. 다시 마룻대 끝을 손가락으로 튕겨보았다. 탱 하는 소리와 함께 마룻대가 운다. 그 여운이 길다. 마룻대를 바닥으로 떨어트려 보았다. 쨍 하는 쇳소리와 함께 튀어 오른다. 무척 경하고, 탄력이 좋은 견지 소재를 만난 것이다.

영감은 다시 마룻대를 들고 살펴보면서, 견지를 꾸밀 구상을 한다. 견지 장인이라서 팔 물건을 만들고는 있지만 좋은 소재를 만나면 저절로 아끼게 되고, 제작에 신중을 기하는 것이다. 얼레를 이루는 설장의 크기, 살 수, 섶대는 결정되었다. 설장은 가로 7cm, 세로 14cm이고 가로살 수는 21살이다. 그리고 얼레의 가로살은 무엇으로 하나 생각하다가, 문득 붉은 1미리 살이 조금 남아 있는 것이 생각났다.

섶대와 살을 준비하고는 마룻대의 위 부분, 설장이 될 부분에 드릴로 신중하게 구멍을 뚫는다. 한 구멍, 한 구멍, 모두 21구멍을 뚫고 제대로 바르게 뚫렸는지 확인해 본다. 만족스럽다. 붉은 살을 꺼내 섶대 구멍에 끼울 양쪽부분은 좀 가늘고 뾰족하게 갈아 붕어 밸 살을 만든다. 이제 부품은 다 준비되었다. 조립만 하면 된다.

마룻대 설장이 되는 부분에 가로 살을 미리 끼워 놓은 채로, 한 살 한 살 차례로 섶대에 끼워 넣는다. 일차 조립이 끝났다. 살이,

그리고 섶대가 얼레의 한 가운데에 자리 잡았나 유심히 살펴보고, 다시 얼레의 양쪽 너비를 재어본다. 얼레 양편이 똑바르게 같고, 흠잡을 데가 없다. 접착제를 한 방울씩 찍어 얼레를 고정시킨다. 마룻대의 얼레 부분 길이에 비해 섶대 길이가 조금 더 길어 조립을 하면 설장이 자연스럽게 비틀리게 된다. 설장의 뒤틀린 상태를 살펴본다. 얼레는 약 90도 정도로 꼬여 아름다운 곡선을 그리고 있다.

줌통이라 부르는 손잡이는 아껴두었던 황경피로 감는다. 황경피는 황벽나무의 껍질인 콜크를 말한다. 요즘 흔히 쓰는 고무테이프보다 잡을 맛도 있고, 자연스런 옛 멋이 난다. 손잡이 황경피 부분에 붉은 실을 감아 모양을 내고는, 꼭지를 붉은 것으로 끼웠다. 마지막으로 헝겊에 연마제를 뿌리고는 마룻대를 아래위로 힘차게 훑어가며 고루 문질러 준다. 윤을 내는 것이다. 마룻대에서 뜨끈뜨끈 열이 난다. 마룻대는 투명한 표면이 더욱 맑아지고, 붉은 색은 더욱 진해졌다. 그냥 붉은 것이 아니라 표면의 맑은 부분 속에서 선홍색의 붉은 기가 스미듯 얼비쳐 보이고 있는 것이다.

마치 갓난아이의 고운 피부에, 처녀의 흰 피부에 얼비치는 실핏줄처럼 마룻대의 붉은 기는 안쪽에서 아롱지고 있는 것이다. 영감은 견짓대를 돌려가며 색깔을 살펴보았다. 각도를 달리하면 붉은 색은 모양이 변하고, 살아 움직이는 듯하다. 새끼손가락으로 견지의 코를 잡고 엄지로 튕겨 보았다. 팅, 하는 맑은 소리와 함께 견짓대가 운다. 손잡이를 가볍게 들고 흔들어 보았다. 설장의 흔들림이 손끝에서 온몸으로 전달된다. 수십 년 견지를 만든 영감도 이런 촉감과 느낌은 처음이다. 자신도 모르게 중얼거렸다.

"아! 이건 팔고 싶지 않아."

그때 가게 문이 열리고 누가 들어선 것도 몰랐다. 인기척에 영감은 얼른 견지를 등 뒤로 감췄다.

김 반장은 퇴근을 하다 눈길이 큰길의 낚시점으로 갔다. 낚시도구와 미끼를 팔면서 견지 제작 공방을 겸한 곳이다. 며칠 철야작업을 한 후에 맞은 모처럼의 휴식이다. 견지낚시나 갈까? 견짓대 구경이나 할까?

김 반장이 낚시점에 들어가니 견지장인 영감이 견짓대 하나를 들고 넋을 잃고 들여다보고 있다. 온통 붉은색인 견지이다. 설장도 붉고, 마룻대도 붉고, 꼭지까지 붉은색 일색이다. 노련한 견지낚시꾼인 김 반장은 멋진 견지인 것을 한눈에 알아보았다.

"영감, 뭘 그리 봐요? 이리 내요. 나도 좀 봅시다."

그러나 영감은 견지를 건네주기는커녕, 손을 뒤로 돌리며 말한다.

"아냐. 이건, 팔 것 아니야."

김 반장은 더욱 호기심이 동해 손을 뻗혀 달라는 시늉을 했다. 영감은 내주기 싫어 감추려는 몸짓인데, 마치 견지가 산 것처럼 움직여 김 반장 쪽을 향했다. 김 반장은 견지를 빼어들고 이모조모 살펴보았다. 멋진 견지다. 가볍게 흔들어보았다. 정말 훌륭하다. 좀처럼 만나기 어려운 명품 견짓대이다.

김 반장은 얼른 견짓대를 들고 공방을 나서며 영감에게 내뱉듯 말을 던진다.

"영감 고맙소. 이 견지 값 달아두쇼."

김 반장은 차를 몰고 여울로 향하며 흐뭇한 기분이다. 오랜만에 낚시를 가는 것이고, 어제는 정말 좋은 견지를 구한 것이다. 아니 생전 처음 보는 멋진 견지이다. 남들이 명품, 명품견지 하는데, 이것만은 못 할 것이다. 오늘은 정말 기대되는 날이다. 저번에 놓친 그 멍짜를 이걸로 끌어내야지. 멍짜란 50센티가 넘는 대물 누치를 말하는 것이다.

김 반장은 여울에 들어서서 쇠로 된 수장대를 박고 섰다. 김 반장은 유난히 고기 욕심, 그것도 대물 욕심이 많다. 남보다 깊은 곳에 들어서는 것은 물론, 밑밥을 누구보다 많이 쓴다. 강을 오염시킨다고 눈치를 주는 사람도 있지만, 알게 뭐람, 저나 잘하시지.

오늘 낚시는 제대로이다. 새로 구한 견짓대는 훌륭했다. 이런 견지는 처음이다. 채비를 내려 여울 속에 흘리니 여울 바닥이 생생히 손에 전달된다. 물속에 바위가 있고, 깊고 얕아지는 변화가 그대로 견지를 통해 알 수 있다. 이런 감촉은 견지낚시를 여러 해 다닌 김 반장으로서도 처음이다.

툭툭 치는 듯 감촉이 오고, 우악스런 누치의 입질이 들어왔다. 큰 놈이다. 타닥 소리와 함께 견짓대 설장이 튀고 줄이 풀려나간다. 몇 번이나 그 누치는 가까이 끌려왔다가, 다시 깊은 여울 속으로 내뛴다. 김 반장이 정말 대물 누치를 만난 것이다.

그 붉은 견지는 참으로 멋진 견지낚싯대였다. 낚싯줄이 풀릴 때에는 설장을 울리며 통줄퇴김을 하다가도, 누치가 멈추면 탱탱하게 버텨 준다. 녹신녹신하면서도 허리가 강한 견지였다. 이런 견지는 손맛도 좋으려니와, 대의 울림을 통해 누치가 힘을 쓰지 못하게 한다. 천신만고 끝에 김 반장은 그 누치를 건져내 손에 들었다. 너무 큰 놈이라 머리를 한 손으로 잡을 수 없어, 아가미에 손가락을 끼워 든다. 큰 놈이었다. 얼핏 보아도 60센티가 훨씬 넘는다. '아니 칠십은 될 꺼야. 기록 세우는데.' 혼자 중얼거리다 누치와 눈이 마주쳤다.

저 눈. 어디서 본 듯한 눈이라는 생각이 든다. 섬뜩한 생각이 뒷골을 스친다. 그 눈이다. 바로 그 눈이야. 몇 년 전 김 반장은 연일 계속되는 야간작업에 녹초가 되어 차를 몰고 집으로 돌아가고 있었다. 오늘도 늦었다. 매일 뭐 하느라고 늦게 오냐는 마누라의 징징대는 소리가 들리는 것 같다.

거참, 사람 믿지 못하네. 김 반장은 공연히 화가 나서 자신도 모르게 큰 길에서 집으로 들어가는 골목으로 확 급히 핸들을 꺾었다. 그 순간 소녀가 눈앞에 확 다가왔다. 퉁 하는 소리가 난 것 같기도 했다. 김 반장은 황급히 차에서 내려 둘러보았다. 한 소녀가 차 앞에 넘어져 있다. 흰자위가 많은 눈을 크게 뜨고, 검은 눈동자는 고정되어 있다. 김 반장은 손가락으로 소녀를 흔들어 보았다. 아무런 움직임이 없다. 어쩌나... 김 반장은 주위를 둘러보았다. 사람 기척이 전혀 없다. 그는 소녀를 내버려 둔 채 얼른 차를 몰아 그곳을 떠났다.

그 눈이다. 누치의 눈은 그 소녀의 눈이었다. 그런 생각에 놀란 김 반장의 손가락에서 힘이 풀렸는지 누치가 텀벙 물에 떨어진다. 바늘을 빼지 않은 누치는 옆구리에 끼고 있던 견짓대를 화닥닥 잡아 다닌다. 김 반장은 견지를 오른손으로 잡고 다시 누치를 끌어내려 했다. 그 순간 무지막지한 힘이 물속에서 김 반장을 잡아당겼다.

김 반장은 자신도 모르게 견짓대를 놓으려 했지만, 견지가 손에 달라붙은 듯 떨어지지 않는다. 여울 속으로 끌려들어가면서 김 반장의 뇌리에 스치는 것은 그 소녀의 큰 눈이었다.

두 견지낚시꾼은 여울로 들어서는 참이다. 오랜 친구 사이로, 견지낚시 취미도 같다. 체격 좋은 키 큰 사내가 앞장서서 여울로 들어서고, 키 작은 사내가 뒤를 따른다. 두 사람이 여울에 자리를 잡고 견지낚시를 시작하려는데, 멀리 여울 아래턱에 좀 이상한 것이 보였다. 바위는 아니고, 사람이 물속에 웅크리고 있는 것 같기도 했다.

"어이 저게 뭐지? 혹시?"

작은 사내가 중얼거렸다. 두 사람은 낚시를 멈추고 아래 여울로 내려갔다. 사람이었다. 물에 빠진 사람이 여울 턱 바위에 윗몸을 기대듯 하고 있었다. 상처 난 얼굴이 검푸르게 변한 것이 죽은 사람으로 보인다. 큰 사내가 말했다.

"이게 뭐야! 오늘 재수 옴 붙었군."

두 사람은 시체를 살펴보았다. 여울 상류에서 떠내려 오다 이곳 얕은 턱에 걸린 모양이다. 고무 장화바지에는 물이 가득 차 있고, 옷도 여기 저기 찢어져 있다. 그리고 상처투성이 얼굴에 초점이 없는 눈을 멍하니 먼 곳을 바라보듯 뜨고 있다. 두 사람은 서로 얼굴을 쳐다보고, 그리고는 누가 먼저랄 것 없이 동시에 말했다.

"신고해야지?!"

전화로 사건 신고를 하고 나서 두 사람은 한 동안 사체 근방의 여울에서 서성였다. 사건 신고를 접수한 쪽에서 장소 확인과 현장 보존을 위해 현장에 있어 달라는 부탁이 있어서이다. 작은 사내가 시체를 보니 손에 무언가를 잡고 있는 것이 보였다. 견짓대였다. 견지낚시를 하다 실족해 익사한 것이다. 작은 사내는 견짓대를 보고 싶었지만, 좀 징그럽고 무서운 생각이 든다. 큰 사내에게 말을 걸었다.

"손에 견짓대지?"

"견지군."

큰 사내는 견짓대를 잡아채더니 힐끗 보고는 뭍으로 집어던졌다. 재수 없다는 듯이. 순경과 구급차가 와서 현장 확인을 한 후 시체를 싣고 떠났다. 두 사람은 얼굴을 마주보다 주섬주섬 낚시 짐을 싸기 시작했다. 도저히 낚시할 마음이 나자 않아서였다. 여울을 떠나던 작은 사내의 눈길에 물속에 잠겨 있는 견짓대가 들어왔다. 사내는 무엇에 끌리듯 견짓대를 집어 들고는 친구 모르게 가방에 넣었다. 성격이 급한 친구는 성큼성큼 앞서가고 있다.

다음 주, 두 친구는 다시 여울에 들어섰다. 체격이 큰 친구가 깊은 곳에, 좀 얕은 곳에 작은 사내가 섰다. 큰 사내가 친구를 보고 물었다.

"그거 못 보던 견지인데, 어디서 났어?"

친구는 대답이 없다. 지난번에 주은 익사자의 물건이다. 집으로 가지고 와서 물로 씻고 닦으니 거의 새것이다. 선홍색 견지로 보기에도 멋지고, 탄력이 있어 보여 낚싯줄을 새로 매고 채비를 갖추어 가지고 나온 것이다.

작은 사내는 친구에게서 견지낚시를 배운지 여러 해이다. 이제 자기도 웬만한 꾼의 수준에 올랐다고 자부하지만, 항상 친구가 큰 것을 잡고, 고기도 더 잡는다. 그리고 잔소리를 한다. 챔질을 천천히 하고, 채비가 여울바닥에 닿는 것을 느끼고, 물살을 느끼라는 둥 말이 많다. 작은 사내는 친구의 말이 알듯 말듯, 잘 이해가 가지 않았다. 그리고 친구가 큰 고기를 잡을 때마다 좀은 야속하고, 질투심이랄까 그런 생각이 든다.

그러나 오늘은 다르다. 작은 사내는 신바람이 나서, 물보라를 튕기며 큼직한 누치를 연방 걸어내고 있다. 견지를 흘릴 때 채비가 여울 바닥에 닿는 감촉이 손에 그대로 느껴진다. 추가 바위 위를 지나고, 낚싯바늘이 돌을 긁는 감촉이 가르릉, 가르릉 손으로 잡히는 듯하다. 또 누치가 미끼를 건드리는 감촉이 툭툭 손에 그대로 전달된다.

그것이 전부가 아니었다. 친구가 골라 줘서 전에 쓰던 견짓대로는 느낄 수 없었던 누치가 물속에서 노는 것을 알 수 있는 것이다. 누치가 줄을 풀며 깊은 곳으로 내뛸 때 설장을 울리는 경쾌한 소리. 그리고 고기가 버둥댈 때마다 그 움직임을 줄을 통해, 견짓대를 통해 생생하게 느끼는 것이다. 고기가 머리를 돌리면 견지가 알아서 채어주듯 방향을 잡아준다.

큰 사내가 친구 쪽으로 와서 얕은 곳에 선다. 그래도 입질이 없다. 참다못해 친구가 좀 퉁명스럽게 말한다.
"오늘 웬 일이야? 새 견지인가?"

친구는 아무 대답이 없다. 큰 사내가 친구의 견지를 유심히 보다가 말했다.

"그거 어디서 났어? 너 혹시?"

"아냐! 딴 거야."

"그때 그 견지인데!"

"그건 네가 버렸잖아!"

큰 사내는 친구에게 손을 내밀고 말했다.

"이리 줘 봐!"

"싫어!"

친구는 정색을 하고 견지를 뒤로 감췄다. 큰 사내는 어안이 벙벙했다. 이럴 사이가 아닌데. 그리고 마음속에서 불끈하는 불길 같은 것이 솟아올랐다.

"이리 내놔!"

친구는 더욱 정색을 하고 눈에는 번들대는 광기 같은 것조차 보인다. 큰 사내는 친구 앞으로 가서 한 손으로 어깨를 잡아당기며 견지를 뺏으려 했다. 작은 사내는 뺏기지 않으려 뿌리치며 깊은 여울로 피한다. 그러다 두 사람의 몸이 엉키면서 여울 물속으로 들어박혔다. 작은 사내의 손에서 견짓대가 빠져 물속으로 잠겼다. 물속에서 간신히 몸을 일으킨 두 사람은 마주 보았다. 작은 사내가 몸을 부르르 떨면서 주먹을 쥐고 친구에게 다가간다. 큰 사내는 놀라 엉겁결에 뒤로 물러선다.

둘이는 마주보며 한동안 서 있었다. 그러다 아무 말 없이 뭍으로 나가 짐을 싸고는 서로 등을 돌리고 제 갈 데로 가버렸다.

강마을에 사는 소년은 보던 책을 내던지고 강가를 바라보았다. 강 언덕에 자리 잡은 소년의 집에서는 여울이 바로 내려다보이고, 여울에 들어서서 낚시하는 견지낚시꾼의 모습도 보인다. 오늘은 아무도 보이지 않는다. 소년은 광에서 아버지가 쓰던 허름한 견짓대를 꺼내들고 여울로 내려갔다. 좀 있으면 여울에서 자주 만나는 낚시꾼 아저씨가 올 것이다. 여름내 친해진 아저씨한데 소년은 미끼랑 낚싯바늘 같은 것을 얻어 쓰곤 했다.

소년은 그 아저씨에게서 견지낚시를 배웠다. 아직 큰 고기는 잡아보지 못했지만 불거지 같은 것을 곧잘 잡게 되었고, 저녁에 집으로 가지고 가면 어머니가 조려주어 맛있게 먹었다. 견지낚시를 좋아했지만 병이 들어 누워있는 아버지도 고기 조림이 입에 당기는지 즐겨 잡순다. 그리고 소년이 견지낚시 하는 것을 보고도 공부하란 말이 없다.

오늘은 시간이 좀 이른 모양이다. 여울은 텅 비어있다. 소년이 여울 가에 앉아서 강물을 바라보는데, 무엇인가 빨간 것이 여울 바닥에 놓여 있는 것이 눈에 띤다. 마침 얕은 곳이라 소년은 바지를 입은 채 들어가 보았다. 견짓대였다. 흙이 묻어있지만 망가진 데도 없고, 바늘과 납추가 달려 있어 미끼만 있으면 그대로 쓸 수 있다. 아저씨는 그날 여울에 오지 않았다.

소년을 집으로 돌아가 견짓대를 물로 닦아보았다. 흙이 묻어

지저분해 보이던 것을 깨끗이 씻으니 붉은 것이 정말 예뻐 보인다. 견지가 무엇인지 잘 모르는 소년의 눈에도 아름다운 견지이다. 소년은 어머니 눈치를 보아가며 부엌에 슬그머니 가서 헝겊에 들기름을 묻혀 왔다. 얼레에 기름칠을 하고 문지르니 대나무 설대가 말갛게 윤이 나고, 붉은 색 마룻대가 선명한 붉은 색으로 은은히 빛난다. 그 붉음이란 그냥 빨갛지만도 않고, 분홍색 같기도 하고, 진한 핏빛 같기도 한 미묘한 붉음이었다. 소년은 견지를 보면서 소녀의 볼을 연상한다.

그날 밤 소년은 견짓대를 손에서 놓지 못하고 잠자리에 들었다. 누워서 견지를 손으로 더듬어 보고, 또 살랑살랑 흔들어 보았다. 휘휘 움직이는 견지의 몸짓이 손에 느껴진다. 소년은 견지를 껴안고 잠이 들었다. 꿈속에서 소년은 소녀를 보았다. 빨간 티셔츠를 입은 소녀는 그를 바라보며 웃고 있고, 소녀의 흰 볼에는 홍조가 떠있었다.

이튿날 소년은 여울에서 견지낚시꾼 아저씨를 만났다. 미끼를 좀 얻어 아저씨와 나란히 서서 낚시를 해보았다. 소년이 든 견지를 보고 아저씨가 물었다.

"못 보던 새 견지 갖고 있군. 어디서 났어? 좋아 보인다."

소년은 솔직하게 말하려다, 멈칫 생각을 바꿨다. 여울에서 주은 것이라 하면 혹시 주인이라고 나설까 싶어서이다. 좀은 무뚝뚝하게 대답했다.

"아버지가 쓰던 견지에요."

그날 소년은 처음으로 누치를 잡아보았다. 그리고 피라미도 여러 마리 잡았다. 아저씨와 낚시를 하면서 이렇게 많이 잡아보기는 처음이다. 견짓대라는 것을 어떻게 놀리고, 어떻게 고기를 낚는지 소년을 잘 몰랐다. 하지만 오늘은 견지가 고기를 몰아주듯, 저절로 잡히는 듯하다. 낚시를 끝낼 때 아저씨와 말을 걸었다.

"얘야. 그 견지 좀 보여 줄래?"

소년은 견지를 보여주기가 싫었지만, 마지못해 견짓대를 아저씨에게 건네주었다. 아저씨는 이리저리 살펴보고, 또 견지를 튕겨보더니 소년에게 돌려주었다. 그러나 무언가 미련이 남은 듯 멈칫거리는 손길이었다. 소년은 얼른 견짓대를 받아 쥐었다. 잠시 동안이지만, 그 견지가 다시는 자기 손에 돌아오지 않을 수도 있다는 두려움을 느꼈기 때문이다. 헤어질 때 아저씨가 좀 망설이면서, 소년에게 말을 건넸다.

"음, 그 견지 내게 팔지 않을래? 십만 원 줄게. 아니 삼십만 원 줄게."

아저씨의 말투는 사정하는 듯 했다. 소년은 얼른 돌아서며 말했다.

"아니요, 안 팔아요.....!"

그날 오후 늦게 어머니의 심부름으로 시내에 간 소년은 소녀와 마주쳤다. 소녀는 번화가 상점 쇼윈도 앞에 서서 진열된 옷을 뚫어져라 보고 있었다. 소녀의 눈에는 안타까움과 체념이 교차하고 있었다. 버스 종점에서 마을로 걸어가면서 소년은 소녀의 손을 살그머니 잡았다. 소녀는 뿌리치지 않았다. 동네 입구에서 헤어지면서 소녀가 말한다.

"이따, 만나. 그 자리야."

별이 총총한 강 언덕에 소년과 소녀는 나란히 앉았다. 한참을 말없이 손을 잡고 있다가, 소년이 두 손으로 소녀의 얼굴을 싸안고 자신의 입을 가져갔다. 첫 입맞춤이었다. 두 입술이 마주 닿았다. 소녀의 입술은 풀솜같이 포근하고, 꽃잎같이 부드러웠다. 가슴이 뛰고, 눈이 저절로 감겨졌다. 입술을 가만히 뗀 소녀가 킥킥 웃었다. 쳐다보는 소년에게 소녀가 말했다.

"무슨 키스가 그래? 입술을 그렇게 꼭 다물고 해?"

소년은 다시 한번 부드럽게 입술을 소녀에게 가져갔다. 소녀는 가만히 입을 조금 벌리고 입술을 받아주었다. 조금 대담해진 소년이 손을 소녀의 가슴으로 가져갔다. 소녀는 손을 밀쳐내며 말했다.

"안 돼. 넌 내 친구지만, 아직 내 남자는 아니야."

헤어지면서 소녀가 시무룩해하는 소년에게 말했다.

"담에 넌 내 남자가 될지도 몰라. 하지만 내 남자는 내게 예쁜 옷을 사줄 수 있어야 해. 아까 본 그 옷 같은 걸."

소녀의 눈에 광채가 다시 떠오른다. 소녀가 소년의 손을 잡아당겨 제 가슴에 올려놓으면서 말했다. 소녀의 가슴은 단단하면서도 포근했고, 심장의 고동이 느껴지고 있었다.

"난 네가 그 옷을 사주었으면 해. 요 담에라도."

소녀의 눈에 아쉬움 같은 것이 번져 있는 것 같이 소년은 느꼈다. 다음날 소년은 아저씨를 만나 같이 낚시를 했다. 그날 낚시는 정말 잘 됐다. 피라미가 연상 잡힌다. 그러다 견짓대에 턱, 하는 울림이 오더니 정말 큰 누치가 걸렸다. 아저씨가 전에 잡고 기뻐하던 것보다 더 클 것 같았다. 소년은 물속에서 움직이는 그 누치의 몸짓에서 어젯밤 안아 본 소녀의 부드러운 몸을 느꼈다. 그리고 둥그렇게 휜 견짓대에서 소녀가 갖고 싶어 하던 그 예쁜 빨간 옷을 입은 날씬한 모습을 보았다.

그니 옷은 내가 사주어야 해. 소년은 문득 어제 아저씨와 주고받은 이야기가 생각났다. 이 견짓대를....

"아저씨!"

소년이 별안간 소리쳤다. 아저씨가 의아한 표정으로 소년을 돌아보는 순간 누치가 몸부림을 치며 소년의 견지를 잡아당겼다. 무지막지한 당김과 함께 견짓대가 소년의 손에서 벗어나 여울 속으로 빠져 버렸다. 견짓대는 검고, 푸른 여울 속에서 점차 어두운 점이 되어 사라져갔다. 물에 가라앉는 동안 견지는 더 이상 붉게 보이지 않았다.

2. 그들의 종점

이곳 W호수는 댐이 완공된 지 이제 8년째이다. 흐르던 강물이 막혀 호수가 되고 보니 전에 없이 물고기들이 많아져 낚시꾼들이 많이 모여드는 곳이다. 평소 잔잔하고 푸르던 호수물이 오늘은 흙탕물이 되어 강처럼 흐른다. 상류에 며칠 폭우가 많이 와서 호수물이 불은 데다, 8년 만에 만수가 된 댐은 처음으로 수문을 열고 방류를 하고 있어 물살이 일며 급히 흐르고 있다.

한여름의 아침 하늘은 짙푸르지만 강에는 탁류가 물결을 치며 도도히 흐르고 있다.

청년은 나루터에 매어 놓은 모터보트 위에서 하품을 해대며 흙탕물을 바라보면서 시간을 보내고 있다. 청년은 군에서 제대하고 고향에 돌아와서 취직자리를 찾는 동안 친구가 이 호수에서 몰고 있는 모터보트의 조수 노릇을 하며 지낸다. 청년의 눈에 한 젊은 여인이 물가 나루터로 내려오는 언덕길에서 두리번거리는 것이 띤다. 넓은 챙 모자에 선글라스를 쓴 젊은 여자로 이곳에 어울리지 않게 세련된 모습이다. 바람에 그녀의 치맛자락이 살며시 흔들린다. 여자는 나루터로 와서 청년에게 다가오더니 좀 머뭇대다가 묻는다.

"저 위 거북섬까지 태워다 주지 않을래요?"

거북섬은 나루터에서 4km 정도 상류의 곳으로 전에는 높은 지대에 있던 산동네였다. 댐이 되어 강이 호수가 되고, 물이 차고 나서는 호수 안의 섬이 되어 버린 곳이다. 길이 있긴 해도 워낙 좁은 산길인데다 멀리 돌아가야 해서 댐이 된 후는 배로만 나다니게 된 외진 곳이다. 청년과 그의 친구인 모터보트 주인이 사는 곳이다. 오늘은 친구가 군청에 들어가 모터보트 정기 안전교육을 받으러 가는 것을 따라 나와 나루터에서 기다리고 있는 참이다. 친구가 교육을 받고 돌아올 때 같이 거북섬으로 돌아 갈 것이다. 이제 시간이 오전 10시이니 집에 가려면 몇 시간 더 기다려야 한다.

거북섬은 댐이 생기기 전에는 거북골이라 불리던 마을이었다. 전에는 산마루 높은 곳이었지만, 얕은 곳은 물에 잠기고 이제는 산등성이만 남아 있다. 예전에 마을 앞 논밭이던 곳이 이제는 물속에 잠겨 물고기들의 터전이 되었다. 잉어와 붕어가 많이 모이는 비교적 얕은 곳이 많아서 낚시꾼들이 많이 모여든다. 주말이면 자리를 잡을 수 없을 정도이다. 하지만 지금은 갈 수 없다. 모터보트의 시동키를 갖고 있긴 하지만, 교육을 받으러 간 배 주인인 친구가 배를 내지 말라고 신신당부한 까닭이었다. 그 배는 거북골 마을이 외진 섬이 되자 군청이 지원해서 마련한 것으로 주민들의 연락선 노릇을 하고 있지만, 시간이 남을 때에는 낚시꾼을 태워주고 부수입도 올리고 있다. 어쨌든 늦은 오후가 되기까지 이 모터보트 외에는 그 섬에 갈 방법이 없다.

청년은 여자의 얼굴을 바라보았다. 바라보는 눈길을 느꼈는지 여자가 선글라스를 벗고 새침한 얼굴을 보인다. 예쁜 여인이었다. 호리호리한 날씬한 몸매이다. 좀 파리한 얼굴에 표정이 밝지 못했지만, 청년이 태어나 처음으로 보는 예쁜 여인이었다. 청년은 공연히 가슴이 두근거린다. 섬에 가자는 물음에 정작 대답을 않고 딴소리를 한다.

"거긴 뭘 하러 가요. 아무 것도 없는데. 그리고 지금 가면 오늘은 나올 수도 없을 텐데."

"그저 가보고 싶어서요. 오늘 못 돌아 와도 그만이고요."

"지금은 안 돼요. 오후 늦게야 배를 움직일 수 있어요."

여인은 아무 말 않고 한쪽으로 가서 물가의 바위 위에 동그마니 앉아 흘러가는 강물만 바라보고 있다. 청년은 여인을 바라보았다. 외로운 듯 보이는 모습에 공연히 가슴이 저려온다. 아하, 청년은 한숨을 쉬었다.

그때 버스 정류장에서 한 중년 사내가 허름한 가방을 한 손에 들고 내려온다. 어깨에는 낚시도구를 메고 있는데 낚시가방이 금방 마련한 것인 듯 새 것이고, 모양새도 어쩐지 낚시꾼다워 보이지도 않는다. 사내도 나루에 와서 거북섬으로 가는 배편을 물어본다. 사정을 듣고 나더니 그 역시 나루터 물가에 주저앉아 버린다.

곧 이어서 낚시꾼 한 사람이 비탈길을 걸어 나루터로 내려온다. 몇 날 장박낚시를 계획한 듯 짐이 이만저만이 아니다. 제법 손때가 묻어 관록 있어 보이는 낚시가방에, 아이스박스에다 배낭까지 짊어지고 있다. 그 사람 역시 거북섬까지 들어가는 배가 오후 늦게야 있다는 말에 여간 실망한 것이 아니다. 그리고 청년에게 나루터 근처에서 낚시를 할 만한 곳이 없냐고 물어 보지만 나루터 부근은 수심이 너무 깊은데다 오늘은 탁한 물이 흐르고 있어 상류 막다른 지대인 거북섬이라야 낚시가 가능하다는 말을 듣고 낚시 짐을 땅에 내려놓더니 배낭에 기대여 앉아 하늘만 바라본다.

한 시간쯤 지나서 한 나이든 사내가 나루터로 내려온다. 손에 간단한 검정 비닐손가방만 들었을 뿐 딴 짐은 없다. 사내는 이곳 저곳 두리번거리며 돌아보고 있다. 꾹 다문 입에, 눈망울을 자주 굴리는 것이 심사가 불안정한 모양이다. 이 사내 역시 청년에게 다가가서 이것저것 묻는다. 그리고는 다른 사람에게서 뚝 떨어진 곳에 자리를 잡고 철석 앉는다. 혼잣말을 하는지 입술이 연상 움직이고 있다.

그늘도 없는 강가이어서 해가 높이 뜰수록 무더위가 심해진다. 청년은 여인에게 말을 건넨다.

"더운데 거기 앉아있지 말고 이리로 와요."

모터보트에는 차양이 있어 그늘이 지고 좀은 시원하다. 이 말을 들은 여인은 잠시 망설이다가 배로 올라와 차양 아래 뱃전에 달린 의자에 다소곳이 앉는다. 이 대화를 들은 다른 사람들도 하나 둘 배 위로 올라왔다. 맨 나중에 탄 나이든 남자가 청년에게 묻는다.

"어이, 젊은이. 혹시 거북섬에 새로 이사 온 사람 없나? 아니면 외지에서 돌아온 사람이라도?"

"잘 모르겠는데요..."

청년은 건성으로 대답해 넘긴다. 그때 하류 쪽에서 한 영감이 조그만 배를 저어 나루터로 왔다. 거북섬에 사는 늙은 어부였다. 영감은 강이 댐으로 물길이 막히기 전부터 그물질로 물고기를 잡아 생활하고 있었고, 댐이 완공된 후에는 정치통발로 고기를 잡고 있다. 갑자기 물이 불고, 급류가 흐르기 시작하자 통발을 건져 건사해두려고 거룻배를 몰고 하류까지 내려온 것이다. 물결을 타고 내려오기는 쉬웠지만 집으로 돌아가려면 역류를 거슬려 노를 저어야 하는 것이다.

영감은 힘들게 노를 저어 나루에 와서 모터보트 옆에 배를 대고 닻줄을 맸다. 젊었을 때에는 물이 흐르건 말건 노를 저어 강을 오르내렸다. 하지만 나이가 들고 보니 기력이 떨어져 흐르는 물결을 거슬려 노를 젓는 것이 힘들어진 것이다. 게다가 요즘에는 부쩍 숨이 가쁘고 힘이 달린다. 영감은 쉬어갈 겸 나루에 배를 댔고, 혹시 동네 청년의 모터보트가 섬으로 올라가게 되면 거룻배를 끌어달라고 부탁할 참이었다.

늦은 오후까지 모터보트가 움직이지 않는다는 것을 듣고 영감은 망설였다. 집에 홀로 두고 온 외동딸이 마음에 걸려 일찍 집에 돌아가고 싶었던 것이다. 영감이 한숨을 쉬며 망설이고 있는데, 나이든 사내가 말을 걸었다. 말씨는 온건한 편이었으나 표정은 험상궂었다. 본래 인상이 험한 사내인 모양이다.

"영감. 그 배로 거북섬까지 데려다 주시지 않으실라우? 내 하루 일당 드리리다."

이 말을 들은 좀 젊은 사내와 낚시꾼, 그리고 젊은 여인도 마음이 움직이는 모양이다. 모두 어부 영감을 바라본다. 그러나 뱃사공 총각이 말렸다.

"영감님. 무리하지 마세요. 심장도 좋지 않으신데. 물살이 꽤 세요."

낚시꾼이 거들었다.

"영감님, 부탁합니다. 저도 뱃삯 두둑이 내지요."

그리고 아가씨와 40대 사내도 이어 말한다.

"저도 뱃삯 드릴게요."

"영감님, 부탁합니다."

어부 영감은 좀 망설였다. 집에 빨리 돌아가고 싶은 것은 사실이었다. 그리고 배를 태워달라는 사람들이 약속하는 돈은 며칠 고기를 잡는 것보다 더 나은 수입이다. 영감이 결심한 듯 말한다.

"갑시다. 타시오."

작은 거룻배에 네 사람을 태우고 영감이 노를 젓기 시작했다. 나이든 사내가 뱃머리에 자리 잡고, 나머지 사람들은 고물 쪽에 자리한다. 삐걱 삐걱, 노 젓는 소리를 내며 배는 나루터를 떠나 강변 돌밭을 피해 강 복판으로 들어선다. 영감은 배를 저으면서 배에 탄 사람들을 둘러보았다. 먼저 젊은 여인의 얼굴에 시선이 머문다. 그리곤 생각한다. '저 아가씬 섬에 무엇 하러 가누, 우리 딸 점순이보다 조금 어려 보이는데.'

젊은 여인은 사공 영감이 빤히 쳐다보자 얼굴을 숙이고 만다. 여인은 이곳 거북섬에 오는 것이 두 번째이다. 이태 전에 한동안 사귄 남자친구와 함께 낚시를 온 적이 있다. 남자친구와의 사랑이 익어가자 여인이 결혼 이야기를 꺼냈다. 그러나 애인은 대답을 피했다. 고등학교만 졸업하고 부모도 없이 조그만 회사에 경리사원으로 있는 여인과 결혼하는 것을 부모가 반대한다고 했다.

애인은 여인과 차츰 거리를 두는 것 같더니 차츰 연락을 끊었다. 여인의 첫사랑은 실연으로 끝난 것이다. 마음에 상처를 입은 여인에게 다른 남자가 쉽게 생겼다. 마음이 허랑한 탓인지 두 번째 남자가 쉽게 받아들여졌다. 남자는 조그만 사업체를 운영하다가 지금은 쉬는 중이라며 여인에게 곰살궂게 다가왔다.

얼마 안 되어 여인은 그 남자를 자신의 단칸 전세방으로 맞아들여 동거생활을 시작했다. 처음에는 남자가 생활비라고 돈을 조금씩 내놓았지만, 차츰 흐지부지해지더니 여인에게 돈을 요구하기 시작했다. 사업자금이 필요하다고. 여자 혼자 몸에 목돈이 있을 수 없어 전세 보증금을 뽑아 월세로 돌리고 그 돈을 남자에게 주었다. 그 다음에는 급전이 필요하다고 해서 자신의 신용카드까지 내주었다. 그래도 돈 요구는 계속됐다. 돈이 없다고 하면 험한 욕설과 함께 손이 올라왔다.

얼마 지난 후 대출금 상환 요구가 들어왔다. 일반 은행도 아닌 대부업체의 고리채였다. 게다가 한두 건이 아니었다. 여인은 대부업체의 협박에 못 이겨 회사 돈에 손을 댔다. 아무 탈 없이 지나는 것도 한동안이었다. 회사에 회계감사가 시작되고 분위기가 이상해졌다. 여인은 자신의 공금 횡령행위가 들통이 난 것을 알았다. 그래서 무작정 길을 떠난 것이다.

이곳으로 오면서 그녀는 혼자 중얼거렸다. '죽자. 죽어버리자.'

하지만 왜 이곳으로 왔는지 그 이유를 그녀 자신도 확연하게 납득할 수 없었다. 첫 애인과의 추억을 더듬기 위해서도 아니었다. 단지 그때 물이 맑았다는 것이 기억나서였다. 첫사랑 애인과 함께 왔던 이 호수는 물이 맑고 푸르렀다. 밤에는 별이 빛났었고, 잔잔한 수면에는 찌 불만 파랗게 반짝였다. 낚시보다는 서로에 열중한 하룻밤이었다. 그러나 다시 찾아온 호수는 싯누런 흙탕물을 지며 흐르고 있다. 그녀는 흘러가는 강물을 바라보다 무서운 생각에 섬뜩한 생각이 들어 자신도 모르게 어깨를 흠칫했다. 그 바람에 옆에 앉은 40대 남자가 좀 놀란 모양이다.

40대 남자는 옆에 앉은 여인이 몸을 움직이다 자신의 검정가방을 건드리자 깜짝 놀랐다. 그 가방 안에는 자신의 전 재산이 들어있는 것이다. 얼른 가방을 끌어당겨 가슴에 안았다. 그러자 옆에 기대두었던 낚싯대 가방이 뱃바닥에 쓰러진다. 어제 새로 마련한 낚시도구가 든 가방이다. 남자는 와락 불안한 생각이 든다.

남자는 지난 몇 달을 생각하면 마치 귀신에 홀린 기분이다. 젊어서부터 무슨 일을 해도 잘 되는 일이 없었다. 제대로 사업이라 부를만한 일도 해보지 못했다. 그러다가 1년 전에 그럴듯한 물주를 만난 것이다. 모임에서 몇 번 안면이 있는 그 김 사장이란 작자는 고향에 돌아와서 크게 사업을 벌일 참이라며 사내와 동업을 제안해 왔다. 워낙 통 크게 노는 김 사장의 말에 사내는 모처럼의 기회로 알고 그 제안을 선듯 받아들였고, 새로 만들어진 회사의 부장 명함을 받았다. 회사는 한동안 그런대로 잘 돌아가는 듯했다.

몇 달이 지나자 사장은 사내에게 회사 운영자금이 부족하다며 자금을 끌어 댈 것을 요구했다. 사내는 자신이 가진 얼마간의 돈, 그리고 친구 미망인의 돈을 끌어대었다. 몇 년 전에 죽은 친구의 부인이 홀아비인 자신에 끌리고 있음을 이용한 것이다. 그러나 회사의 증자도 사업도 모두 사기였다. 사내가 그것을 알고 사장에게 항의하자 사장은 회사의 증자관련 공문을 내 놓았다. 그 기획안은 자신이 작성한 것으로 되어 있고 자기 도장까지 척하니 찍혀져 있었다. 게다가 은행으로부터 받은 회사의 운영자금 융자서류에는 자신이 보증인으로 올라 있었다. 자신이 사기 행위의 주범이 된 것이다.

사내가 친구 부인의 돈이라도 돌려달라고 사정하자, 사장은 픽 웃으면서 유들거리며 말했다.

"당신 일 년 동안 월급 잘 받았잖아? 잠자코 있으라고."

사내가 언성을 높여 고발하겠다고 들이대자, 사장의 태도가 싹 바뀌었다. 그리고 사장 주위에 어슬렁대던 검정양복을 입은 젊은 놈들이 이죽거렸다.

"어이. 당신! 우리 형님에게 까불지 마. 어디다 들이 대? 쥐도 새도 모르게 어찌 되는 수가 있어..."

사장이 말리는 척 나섰다.

"어이, 이것 갖고 어디 가서 몇 개월 푹 쉬다 오라고."

그리고는 만 원권 다발 4개를 던져 준 것이다. 사내는 별달리 갈 데도 없는데다, 겁도 나서 숨어버리기 위해 이곳 거북섬 낚시터로 온 것이다. 낚싯대는 오는 길에 그저 사가지고 온 것이다. 낚시는 해 본적도 없고, 할 줄도 모른다. 낚시터로 가니까 모양삼아 사 온 것이다.

낚시가방이 넘어지는 소리에 낚시꾼이 중년 사내를 바라본다. 사내는 겸연쩍어 낚시꾼에게 말을 걸었다.

“거북섬에 낚시 가시오? 거기 고기 잘 잡힙니까?”

낚시꾼은 딴 생각을 하고 있는 듯 금방 대답을 않는다. 한참 만에 입을 열었다.

“잘 낚입니다. 붕어도, 잉어도.....”

낚시꾼은 두 달 전에 거북섬 낚시터에서 살림망이 꽉 차도록 씨알 좋은 붕어를 많이도 잡았었다. 저수지는 막은 지 7, 8년이 되면 낚시가 최고조에 이른다. 특히 이곳과 같이 강이었던 곳을 막아 호수를 만들면 기존에 있던 계류 물고기 대신 담수 고기인 붕어와 잉어가 폭발적으로 증가한다. 호수 깊은 곳에는 먹이가 없지만, 그 대신 육지였던 곳에 물이 들어참에 따라 물고기들이 먹을 것이 많아진다. 늘어난 물고기들이 먹이를 찾으러 연안으로 나와 낚시가 잘 되는 것이다. 그러나 담수가 완료되고 어느 정도 시간이 지나고 나면 물속 생태계가 안정되어 오히려 낚시가 덜 된다.

이번 조행은 전혀 계획에 없던 일이었다. 그는 중소기업의 하급 간부로 젊어서부터 한 직장에 착실히 근무해 왔다. 최근 계속되는 불경기에 회사 운영이 어렵다는 소문이 사내에 돌고 있었다. 구조조정이 있을 것이라는 소문도 함께 떠돌았다. 며칠 전에 회사의 총무이사가 사내를 불렀다. 그간 수고했다는 말과 함께 회사에 사정이 있으니 두어 달만 쉬라는 말이 있었다. 그리고 어깨를 두드리며 봉투 하나를 건네주었다. 특별휴가비라면서. 사내는 무슨 말인지 잘 알 수 있었다. 두 달 후에 회사에 돌아가면 자신의 책상은 없어져 버렸을 것이다. 한마디로 회사에서 잘린 것이다.

집으로 돌아온 사내가 특별휴가를 받았다고 하며, 처에게 휴가비 봉투를 통째로 내주었다. 봉투 안에는 사내의 석 달 월급 정도의 금액이 찍힌 수표가 들어 있었다. 사정을 모르고 즐거워하는 처의 얼굴을 보면서 사내는 한 며칠 낚시나 다녀오겠다고 말을 꺼냈다. 처는 환한 얼굴로 밑반찬까지 싸주며 몸조심하고, 큰 고기 많이 잡아오라고 살뜰하게 당부까지 한다.

강물을 바라보는 낚시꾼은 그저 암담한 생각뿐이다. 낚시를 정말 좋아하기는 하지만 이런 기분으로는 낚시도 하고 싶지 않다. 잉어도 월척 대어도 반갑지 않다. 훅, 한숨을 쉬면서 마음속으로 되뇌어 본다. '어쩌나~. 집엔 돌아가고 싶지 않아.' 하지만 이제 배를 타고 거북섬으로 가려는 것이다. 가서 낚싯대를 펴놓긴 할 것이다. 그리곤 어떻게 할까.

이번엔 나이가 든 중년 사내가 자신도 어떤 말을 해야만 할 기분이 된다. 배에 같이 탄 사람들을 돌아보다, 사공 영감에게 말을 걸었다.

"영감. 혹시 거북섬이란 동네에 요즘 대처에서 돌아 온 젊은 여자 없우? 왼쪽 뺨에 검은 점이 있어 '점백이'라 부르는 앤데..."

중년 사내는 도망간 여자를 찾아 나선 참이었다. 사내는 도시에서 유흥업소를 운영하는 사람이다. 말이 유흥업소이지 여자 장사를 하는 인물이다. 이른바 포주이다. 그런데 이년 전에 참한 계집이 굴러들어 온 것이다. 볼에 검은 애교점이 있어 점백이라 불리는 애였다. 인물도 수수하고, 성격도 착해 아예 마누라로 삼아버렸다. 말이 좋아 마누라지 여자가 몸을 팔아 번 돈은 한 푼도 에누리 없이 사내가 독차지한 것이다. 점백이가 고향 부모에게 돈을 부쳐야 한다고 사정을 했지만, 되돌려 준 것은 주먹질뿐이었다. 그런데 넉 달 전에 고것이 도망을 친 것이다. 돈을 감춰두는 곳을 어찌 알았는지 사내가 꿍쳐 둔 돈까지 모두 훔쳐간 것이다.

사내는 없어진 돈도 아쉬웠지만 장사밑천이 도망간 것이 애가 타서 찾아 나선 것이다. 또 야리한 그년의 몸도 생각나서였다. 그런 업계에서 도망친 여자는 얼마 안 있어 어디에 나타났는지 정보가 들려오게 마련이다. 어디에도 쉽게 정착하지 못하는 그런 여자가 비슷한 업계로 다시 나타나기만 하면 곧바로 잡게 되는 것이다. 그런데 요 점백이란 년은 어디로 숨었는지 영 찾을 수가 없었다. 그러다 문득 고향이 '거북골'이란 곳이라고 점백이가 친구들과 말하는 것을 흘려들은 것이 기억이 났다. 근처에 와서 찾다 보니 거북골이란 곳은 없고, 혹시 '거북섬'이 아니냐는 이야기를 듣고 혹시나 해서 섬으로 찾아가는 중이었다.

사내는 흰 자위가 많은 험상궂은 눈을 치뜨며 혼잣말로 중얼거렸다. '쌍년의 에미나이, 잡기만 해 봐라. 죽지 않을 정도로 흠씬 패주고 먼 섬으로 팔아 버릴 테니.'

사내의 혼잣말을 사공 영감이 들은 모양이었다. 영감은 무엇인가 떠오르는 생각이 있다. 외동딸인 점순이가 도시에 가서 돈을 번다고 뛰쳐나간 지 여러 해가 넘었다. 무슨 공장이라는 데를 다닌다며 이태 전까지는 매달 꼬박꼬박 집으로 돈을 보내 주었다. 영감은 외동딸 시집 밑천을 한다고 그 돈을 저금도 하고, 송아지를 사서 기르기도 했다. 하지만 마누라가 중병에 걸리게 되자 점순이가 보내 주었던 돈을 병원비로 다 써버렸던 것이다. 마누라는 몇 년 병치레 끝에 딸내미의 시집 밑천만 없애고 그예 죽어버리고 말았다.

한동안 소식이 끊겨져 있던 점순이가 석 달 전에 집에 돌아왔다. 핼쑥한 얼굴로 집에 와서는 이태 동안 모은 돈이라면 얼마간의 돈을 아버지에게 내민다. 그러나 딸의 얼굴은 멍 자국 투성이었고, 무언가를 겁내는 것 같이 벌벌 떨며 집밖으로 나다니지도 못한다. 아버지와 눈을 맞추지도 못한다. 영감은 점순이에게 그 까닭을 묻지도 못했다.

노를 젓고 있던 영감의 가슴에 무엇인가 덜컥 내려앉는 것 같은 충격이 왔다. 가슴이 답답해지고 정신이 가라앉는다. 노를 젓고 있던 손이 노에서 힘없이 떨어진다. 노를 젓던 사공을 잃은 배는 물결에 따라 하류로 흘러가고 있다. 배에 탄 사람들은 모두 놀라고 당황스러워 어찌 할 바를 모른다. 그때 멀리서 모터소리가 아득히 들려왔다.

청년은 영감이 힘들게 노를 저어 상류로 올라가는 것을 바라보고 있었다. 영감의 몸 움직임과 안색이 영 좋지 않았다는 것도 생각난다. 그리고 그 젊은 여인의 창백한 얼굴이 떠오르자 무엇인가 잃어버린 것 같은 마음이 들었다. 여자의 입을 꼭 다문 표정에 좋지 않은 예감이 든다.

누렇게 흙물이 지는 강을 바라보고 있자니 왠지 불안한 마음이 더욱 커져서 모터보트의 시동을 걸었다. 굉음과 함께 물결을 차면서 배가 상류로 올라간다. 저 멀리 거룻배가 점처럼 보이다 차츰 크게 보인다. 그런데 이상한 것은 배가 노를 젓지 않는 듯 하류로 흘러내려오고 있는 것이다.

모터배가 더 가까이 가자 청년은 뱃사공이 노에 손을 얹은 채 뒤로 쓰러져 있는 것을 보고 상황을 금방 알아챌 수 있었다. 평소 심장이 약하던 영감이 발작을 일으켜 실신한 것이다. 청년은 배를 몰아 거룻배로 다가가서 밧줄을 던져 주면서 외쳤다.

"빨리 그 줄을 뱃머리에 매요!"

나이든 사내가 모터보트의 밧줄을 받아 뱃머리에 묶자 청년은 보트를 돌려 상류 거북섬으로 향했다. 그런데 예기치 않은 사건이 일어났다. 흐르는 물에서 다른 배를 달고 끌려면 줄을 길게 주어야 하는데, 나이든 사내가 그런 요령을 잘 모르는데다 급한 김에 줄을 짧게 맨 것이다. 게다가 사내는 엉거주춤한 모습으로 뱃머리에서 선채로 줄을 잡고 있었다. 청년이 모터에 가속을 하자 콱, 하고 뒤에서 충격이 왔다. 모터보트가 급하게 속도를 내자 뒤에 있던 거룻배가 끌리는 힘을 이기지 못해서 뱃머리가 물속으로 처박힌 것이다.

뒤에서 들리는 요란스런 비명소리에 청년이 배를 멈추고 뒤를 돌아보니 거룻배는 이미 물에 잠겼고, 타고 있던 사람들은 강물에 빠져 머리만 내놓고 동동 떠 있다. 사공 영감만 뒤로 쓰러진 체 물에 잠긴 거룻배에 남아 있다. 청년은 얼른 다가가서 영감을 자기 배로 끌어 올리고 나서 다른 사람들을 찾아보았다. 여인과 낚시꾼은 다행히 낚시용 아이스박스에 함께 매달려 떠내려가고 있고, 좀 떨어진 곳에는 중년 사내가 물에 떨어진 노를 붙잡고 개헤엄을 치고 있다. 험상궂은 나이든 사내의 모습은 아예 보이지도 않는다. 뱃머리에서 줄을 잡고 서 있다가 거룻배가 물에 박힐 때의 충격으로 멀리 떠내려간 모양이다.

작은 아이스박스에 낚시꾼과 여자가 매달려 있으니 두 사람의 무게를 이기지 못해 아이스박스가 물속으로 잠긴다. 여자가 물끄러미 낚시꾼은 바라보다가 슬며시 손을 놓고 물결에 머리칼을 일렁이며 떠내려가려 한다. 낚시꾼이 손을 뻗어 여인을 잡으려 했지만 옷깃만 잡혔다가 이내 손아귀에서 벗어난다. 여인은 허브적대지도 않고 그냥 물에 떠서 떠내려간다.

청년은 배를 몰아 하류로 가서 물에 뜰락 잠길락 하며 떠내려가는 여인을 먼저 건져 내고, 다음에 아이스박스에 매달린 낚시꾼을 끌어올렸다. 마지막으로 노에 매달려 있던 중년 사내까지 끌어올렸다. 그런 다음 아무리 주위를 둘러보아도 나이 든 사내의 자취는 찾을 수 없고 황토 빛 강물만 도도히 흐르고 있다.

모터보트에 끌려 올라온 사공 영감은 찬물을 뒤집어쓰더니 정신이 좀 도는 모양이다. 멍한 눈으로 청년을 바라보면서 웅얼거린다. '점순아' 하고. 딸 이름을 부른 것이다. 청년은 사람들을 살펴본다. 중년 사내는 넋이 빠진 듯 뱃바닥에 널브러져 있다. 낚시꾼을 바라보았다. 옷은 흠뻑 젖었지만 멀쩡한 얼굴로 청년을 바라보고 있다. 청년은 물을 먹어 정신을 잃고 늘어져 있는 여자에게 인공호흡을 했다. 물에 젖은 머리칼을 젖히고 보니 창백한 이마에는 푸른 멍 자국이 희미하게 남아있다.

잠시 후 여자가 입에서 물방울을 뿜으면서 재채기를 했다. 숨이 돌아온 것이다. 청년은 여자의 얼굴에 차츰 생기가 돌아오기 시작하는 것을 보고도 양 볼을 부여잡은 손을 놓지 못하고 얼굴을 물끄러미 바라보고 있다. 참 예쁘다. 그리고 중얼거렸다. '내가 구한 여자야. 이 여잔..........'

중년 사내는 멍하니 초점 없는 눈을 하고 뱃전에 기대어 있다. 낚시꾼은 무슨 생각을 하고 있었던지 뱃바닥에 주저앉아 강물과 하늘을 번갈아 바라보다가 씩 웃는다. 그렇게 위험한 꼴을 당한 사람치고는 표정이 밝다.

강에는 탁류가 도도히 흐르고 있지만 짙푸른 하늘에는 뭉게뭉게 흰 구름이 흘러가고 있다.

거북섬은 막다른 곳이지만, 살아남은 사람들에겐 아직은 막다른 종점이 아니었다.

3. 수중칠우쟁론기
水中七友爭論記

한국에서도 산 좋고 물 깊기로 유명한 소양호반. 요즘 소양호가 웬일인지 좀 부산스럽다. 평소에는 떼를 지어 몰려다니던 피라미가 이리저리 흩어져 물골마다 찾아다닌다. 피라미들이 다녀간 후 수중세계에는 실로 놀라운 소문이 퍼지기 시작했다. 그 내용인즉 인간의 낚시질로 인한 어족 학살에 견디다 못한 피라미 일족이 주동이 되어 소양호에서 제일 깊고 넓은 용왕바위에서 인간 규탄 및 낚시 근절대회를 연다는 것이다. 이 소식은 순식간에 소양호반에 퍼져 나갔고, 이어 한국의 전 수역에 전해졌다.

인간의 낚시질이라는 만행은 해마다 심해지고 있었다. 몇 십 년 전만 해도 하릴없는 인간이 그냥 놀기 어색해서 물가에서 낚싯대를 펼쳐놓았던 것이 요즘에는 낚시꾼 수가 부쩍 늘었다. 인간이 조금 잘살게 되니 여가활용이라나, 취미라나 너도 나도 낚싯대를 들고 물가에 병풍을 치게 된 것이다. 주말이면 잡히는 물고기 숫자보다 낚시꾼이 더 많을 지경이다. 수많은 어족들이 무지몽매한 낚시꾼에게 학살당하는 실정이었고, 그 모여든 인간들이 먹고, 마시고, 싸고, 버려서 수변이 오염되어 어족의 살 터전마저 위협받고 있었다.

규탄대회로 정해진 날이 되자 소양호반의 물고기들은 어족별로 무리를 지어 용왕바위로 모였다. 용왕바위는 소양호의 제일 깊은 곳에 있는 널찍한 너럭바위로 한 복판에는 원형의 나지막한 탁자 비슷한 바위가 놓여 있다. 전설에 의하면 천년 묵은 이무기가 여기서 도를 닦아 승천하였고, 천계에서 용왕의 직함을 받았다는 것이다.

어족들이 떼를 지어 몰려든다. 잘생긴 수피라미를 앞세우고 피라미 떼가 몰려든다. 피라미는 담수에서 수가 많기로 소문난 어족이다. 붕어들도 넓적 튼실하게 생긴 대대 월척을 앞세우고 도착한다. 잉어도 듬직한 몸으로 물을 가르며 오고, 쏘가리도 위풍당당한 모습으로 떼를 지어 오고, 누치들도 덩치를 자랑하며 도착한다. 이외에도 갈겨니, 버들치, 끄리, 마자, 모래무치, 살치, 미꾸리, 미꾸라지, 송어, 산천어 기타 등등 이루 셀 수도 없이 많은 민물어족들이 떼 지어 모여들었다.

정해진 시간이 되자 피라미 한 놈이 너럭바위에 성큼 올라서서 큰소리를 외친다. 아니 절규한다. 덩치는 작지만 늘씬한 몸매에 지느러미가 큼직하고, 몸 색깔이 붉고 푸른 것이 제법 위풍이 있다.

"저는 피라미 일족의 대표인 필서생(畢書生)입니다. 남들이 제가 먹물이 좀 들었다고 필선생이라고 불러주기도 하지요. 인간의 무지막지한 낚시질이란 만행으로 인해 우리네 어족들의 희생은 날로 증대하고 있어 어족의 생존과 수계의 존속에 위협을 받을 지경에 이르렀습니다. 이에 우리 피라미들은 악랄한 인간을 규탄

하고자 이 대회를 개최하게 된 것입니다.

대회에 시작하기에 앞서 이 대회를 주관할 대회장을 선출했으면 합니다. 능력 있고 덕망 높은 분을 선출하여 이 대회를 원만히 이끌어 나가야 하겠습니다. 여러 어족들 중 마땅한 분을 추천해 주시기 바랍니다."

모든 어족들이 모두 수긍하는 몸짓, 눈짓을 했고, 백면서생 피라미가 제법이라는 분위기였다. 수군수군, 웅성웅성 소리가 수중에 깔리더니 여기저기서 추천이 쏟아지기 시작한다.

"잉어요."

"누치요."

"쏘가리요!"

대체로 잉어, 쏘가리, 누치 이름을 연호하는 사람이 많다. 숫자도 많을 뿐 아니라 그 당당한 모습이 대표자로 적합해 보였던 것이다. 그때 거무스레하고 큼직한 쏘가리가 단상으로 올라 발언한다.

"저는 쏘가리 일족의 대표인 궐장군(鱖將軍)입니다. 대대로 물나라 장성 가문의 한 사람으로 우리 어족 대표로 이 자리에 왔습니다. 그러나 저는 힘과 용기는 제법 있을망정 대회장 감이 못됩니다. 저는 잉어님을 대회장으로 추천합니다. 잉어 분네들은 '모든 어족의 으뜸(百魚之伯)'으로 많은 분들이 용왕의 직분을 맡기도 한 고귀한 가문입니다. 우리 쏘가리 일족은 잉어족의 대표이신 리백(鯉伯) 님을 지지합니다."

모든 어족들이 잉어를 지지하며 환호성을 보내며 박수(拍手), 아니 박-지느러미로 응원의 몸짓을 한다. 그 수많은 어족들이 일제히 가슴지느러미를 흔들자 물이 파동을 쳐서 물결을 일으키고 우레와 같은 소리가 난다. 그 소리가 땅을 진동시키고 하늘에 닿을 듯하다. 그 소리에 물가에서 낚시를 드리우고 세월아, 네월아 하던 낚시꾼들이 놀라자빠지고, 물에 빠지고 이런 소동이 없다.

잉어가 빙긋이 웃으면서 단상인 너럭바위에 오른다. 온통 잉어를 외치는 소리이다. 이로써 잉어가 단독 출마에 만장일치 당선의 영광을 맛보게 된 것이다. 잉어가 금빛 찬란한 비늘이 번득이는 4자가 넘는 장대한 몸으로 유유히 등장해서 양 볼의 쌍 가닥 수염을 쓰다듬는다.

잉어는 단상의 탁자격인 용왕바위 상좌에 자리를 잡으며 벙실벙실 웃는 얼굴에 눈을 껌벅이며 가슴지느러미를 앞으로 모으며 답례인사를 사방으로 보낸다. 그러고는 용왕바위가 울리도록 쩌렁쩌렁한 목소리로 말을 꺼낸다.

"감사, 캄사, 캄사합니다. 이 몸에 주신 열렬한 성원에 감사합니다. 모든 어족을 대표하는 이 자리에 오른 것을 영광으로 알며 무지몽매한 인간을 규탄합시다!"

대회장의 모든 어족이 한 목소리로 받아 외친다.

"규탄한다! 규탄한다!! 규탄한다!!!"

하늘이 울리고 땅이 흔들리는 천지가 개벽하는 것 같은 그 큰 소리에 놀라자빠졌던 낚시꾼들이 넋이 나가 똥오줌을 가리지 못한다. 잉어는 우렁찬 목소리로 말을 이어간다.

"우리 어족들이 인간, 특히 낚시꾼에게 입는 피해가 막심한 것은 사실입니다. 부부가 헤어지고, 부모자식이 생이별하고, 가족이 흩어지는데도 그 낚시꾼들은 여전히 그 잔인한 낚시질을 그만두지 않고 있습니다. 무지몽매한 낚시꾼들은 규탄 받아 마땅합니다. 허나, 우리가 우리 어족이 모처럼 한데 모여 연 규탄대회를 한바탕 시위로만 허망하게 끝낼 수만은 없습니다.

저는 이 규탄대회를 계기로 낚시로 인한 어족 피해를 확실히 밝히는 진상규명위원회와 그 대책을 세울 피해대책위원회까지 구성해야 한다고 생각합니다. 그리고 다음으로 낚시피해 방지를 위한 현실적인 방안도 강구되어야 한다고 생각합니다."

역시 민물 수계의 왕자답게 생각이 깊다. 모든 어족들이 머리를 끄덕이며 잉어의 다음 발언을 기다리고 있다.

"이처럼 많은 어족이 모여 낚시피해 진상과 대책을 논의하기에는 너무나 중구난방입니다. 저는 주요 어족 대표자를 선출하여 용왕바위에서 원탁회의를 개최코자 합니다. 여러분들은 대표자를 선출해주셨으면 합니다."

웅성웅성, 시끌벅적한 논의 끝에 낚시 피해가 극심한 민물 수계의 5대 어족이 대표로 선임되었다. 잉어는 위원장이라 당연직이고, 그 다음 위원으로 쏘가리, 누치, 붕어, 피라미가 그들이다. 위원들을 용왕바위의 바위탁자를 중심으로 둘러앉아 회의를 시작하려 하였다. 모든 어족들이 원탁회의를 지켜보고 있는데, 두 어족이 무리를 지어 회의장으로 난입하며 외친다.

"우리도 대표권을 주시오. 우리도 극심한 낚시피해를 입고 있는 어족입니다."

잉어가 가만히 보니 한 어족은 붕어 비슷한 모양새를 하고 있는데 입술이 짧고 곱사등에 꼬랑지가 짤막하다. 또 다른 어족은 입이 큰데다 이빨이 성성한 험상궂은 몰골에 비늘이 잔 것이 이곳 수중에서 살아온 어족처럼 보이지는 않는다. 잉어가 상황을 정리하려 한다.

"가만, 가만. 뉘들이신지, 자기소개를 좀 하시지요."

붕어 비슷한 어족 대표가 말을 꺼낸다.

"저는 떡붕어의 대표인 떡서방입니다. 남들처럼 한자 이름도 없지만 우리도 낚시 피해를 극심하게 입고 있는지라 이 자리에 꼭 끼워주어야 합니다."

원탁에 있던 붕어가 팔을, 아니 지느러미를 휘저으며 외친다.

"아니, 아니, 아니 되오！ 저 족속은 우리 땅 출신이 아니라 일본에서 건너온 족속입니다. 외래어(外來魚), 그것도 왜붕어 주제에 우리 수계에 와서 우리 친척인 경상도 떡붕어의 이름을 떡하니 차지하고 있습니다."

떡붕어가 처량하게 웃으며 대답한다.

"그래요, 그래. 우리는 인간들이 떡붕어라 부르는 어족이요. 우리의 원 고향은 일본에서 가장 큰 호수인 비파호(琵琶湖)입니다. 고향에선 헤라후나(주걱붕어)라 합니다만, 이곳에 오자 인간이 제멋대로 떡붕어라 부르는 것입니다. 아마 우리들이 붕어치고 워낙 떡대가 좋으니까 그리 불린 것이지 저희를 탓할 일은 아닙니다.

그리고 조선 붕어들도 많은 낚시 피해를 입지만, 우리들은 백프로 낚시만을 위해 이곳에 강제로 끌려 온 어족입니다. 타향살이도 어려운데 가까운 친척인 붕 선생도 이리 괄시를 하시오. 그리고 붕선생은 하나는 알고 둘은 모르십니다. 우리들이 이곳에서 낚시로 인한 모진 괴로움을 붕어 님들 대신하여 당하고 있는 것은 어찌 모르시오?"

붕어가 듣고 보니 일리가 있어 자리에 앉으며 머리를 끄덕인다. 잉어가 이번에는 험상궂은 어족에게 말한다.

"당신들도 자기소개를 하시오."

그 어족이 가뜩이나 험상궂은 인상을 찌그리며 톱날 같은 이빨을 북북 갈며 말한다.

"우리는 미국에서 온 배스(Bass)라 하며 나는 대표인 빅마우스(big mouth)라 하오."

이 말을 듣자 피라미들이 질색을 하며 외친다.

"아니, 저 흉측한 떼거리들이 여기까지 왔어! 애들아 조심해라 저 큰 입에 삼켜질라! 글구 어족 주제에 꼬부랑말 이름을 쓰다니 아니꼬워서 못 봐 주겠네."

피라미 외에도 체구가 작은 어족들이 일제히 경계의 눈으로 배스를 쳐다본다. 배스 대표 빅마우스라는 자가 인상을 쓰며 말한다.

"그래. 나는 양놈 물 출신이오. 거기는 훈민정음도 없고, 진서도 없어 꼬부랑 이름이 당연한 것이고, 우리는 괴롭히는 낚시꾼들이 꼬부랑말을 써야 멋있다고 느끼는 것인지 한국 이름도 안 지어주고 배스라 부르니 어쩔 수 없지 않겠소.

그리고 우리 선조가 이 땅에 온지 수십 년에 불과하지만 큰 강과 호수치고 우리 족속이 없는 곳이 없소. 우리가 날개가 달려 날아왔겠소, 다리가 달려 뛰어왔겠소! 우리 역시 만리타국에서 강제로 유괴당해 온 족속이오. 우리가 피해를 입고 있는 루어낚시의 피해를 밝히고자 온 것이오. 그냥 물러나지는 않겠소!"

대회장인 잉어가 보자 하니 순순히 물러날 족속들이 아니다. 힘으로라도 자리를 차지할 낌새다. 잉어가 심사숙고 끝에 결론을 내린다.

"좋소. 낚시 피해를 세계적으로 광범하게 알린다는 뜻에서 떡서방과 빅마우스 두 분도 위원으로 위촉하오. 자, 원탁을 중심으로 자리를 잡고 우선 어족별 낚시 피해를 설명해 주시오. 발언 순서는 시계바늘 방향으로 돌아가오. 그리고 회의 결과를 정리할 사람이 필요하니 피라미 대표 필서생께서 서기를 맡아 주시오."

피라미는 신이 났다. 규탄대회 발기 대표위원에다가 어족 대표, 거기다가 서기 직함을 받았으니 3관왕이 된 셈이다. 붕어가 첫 번으로 낚시 피해를 호소한다.

"우리가 낚시로 인해 피해를 입은 지는 수만 년이 되었소. 그동안의 참상은 이루 말할 수 없지요. 요즘 호소 대낚시가 부쩍 성행해서 우리네 붕어는 존속에 위협을 느낄 정도까지 되었습니다. 예전에는 한가한 사람만 낚시를 하더니 요즘은 인간치고 어중이떠중이, 어른아이 할 것 없이 모두 낚싯대를 들고 우리를 노리고 있습니다.

예전에는 인간들이 호숫가에 진치고 낚시를 해서 거기만 피하면 안전했지요. 그런데 낚싯대가 점점 길어져서 이제는 먼 곳도 위험합니다. 그리고 우리들의 본거지인 깊은 곳까지 수상좌대란 것을 설치해 놓고 낚시를 해댑니다. 또 밤에도 불을 키고 낚시를 해대는 통에 우리 붕어는 24시간 낚시에 당하지 않을까 전전긍긍하고 있지요. 예전에는 겨울에 호수에 얼음이 얼면 인간들은 우리들 붕어가 동면하는 것으로 알고 낚시를 쉬었지요. 그 시절엔 우리 붕어마을도 평화로웠습니다. 그러던 것이 요즘엔 겨울이면 호수 얼음판에 구멍을 뚫고 깊은 곳까지 와서 낚시를 합니다. 우리가 겨울에 쉬는 곳 위로 와서 우리 코앞에 바로 낚시를 드리우니 견딜 길이 없습니다.

우리는 이처럼 하루 내내, 일 년 내내 낚시의 공포에서 벗어나지 못하고 있습니다. 더욱 원통한 것은 이리 붕어가 인간의 불치병 암에 그리 좋다나요. 그래서 잡는 족족 즙을 내어 먹는답니다. 그러다보니 호수에 있는 붕어 자연마을로 부족하다고 느껴선지 떡붕어 분들을 데려오게 된 것입니다."

붕어 다음으로 누치 대표 눌옹(訥翁)이 발언한다.

"우리는 센 물이 흐르는 계류에서 놀고 있지요. 그래서 근육이 발달해서인지 인간들은 우리가 맛이 없다며 덜 먹습니다. 그 점 다행입니다. 만약 정력에 좋다는 소문만 났어도 우린 씨가 말랐을 겁니다. 붕선생이 피해를 보는 대낚시와 달리 인간들은 우리를 잡으려고 견지낚시를 합니다. 얼레 비스무레한 파리채 같은 것을 들고 물속에 들어서서 우리는 노리는 것입니다.

엉성해 보여도 견지낚시라는 것이 무서운 낚시입니다. 줄이 50미터나 되어 물결을 타고 흘러가면서 이 곳 저 곳을 쑤셔댑니다. 한번 이 낚시에 걸리게 되면 벗어날 길이 없지요. 요즘 인간들은 우리를 잡으면 주위에 자랑을 하고 다시 놓아 주기는 합니다. 캐치 앤 리리스(Catch and Release)라나요. 낚시를 즐기는 한편 자연도 보호한다고 위선을 떱니다. 허, 자연을 보호하고 아낀다면 우리를 잡으며 괴롭히지 말아야지요.

저도 연전에 여울에서 노닐다가 먹음직스러운 애벌레를 발견하고 삼켰다가 견지바늘에 입술이 꿰어져 한 시간여나 끌려 다니는 곤욕을 당했습니다. 그놈이 날 잡더니 집게로 입술을 물려서 덜렁 들고 다니면서 자랑을 합디다. 주위 낚시꾼들이 제 덩치를 보고 '허, 대멍이네.' 하며 서로 축하를 하더군요. 그리고는 저를 흙바닥에다 내려놓고 이리 뒤집고 저리 뒤집으면서 사진을 찍어 대더군요. 허, 내 나이 칠십에 이런 봉욕이 어디 있습니까. 구더기 몇 마리 탐하다가 입술에 바늘이 꽂힌 채 고생이 말이 아니었습니다.

여러분들도 알다시피 우리 누치의 결혼 풍습이 좀 독특합니다. 늦봄이 되면 장성한 처녀 총각들은 얕은 여울에 모여 배우자를 고르고 신방을 치릅니다. 그걸 '가리축제'라고 하지요. 그때는 먹지도 않고 잠자지도 않지요. 그러면 인간들은 낚시가 쓸모가 없으니 쇠갈고리 같은 것을 가리여울에 던지는 훌치기를 합니다. 황홀경에 빠져 있던 젊은 것들이 배고, 허리고, 등이고 아무데나 걸려 끌려가는 실정입니다. 저희네 인간들도 양심이 있는지 이걸 강도낚시라고 합니다. 남의 은밀한 신방에 그런 무지한 갈고리를 던져대는 인간이야말로 극악 패륜한 것들입니다.

이 견지낚시란 것이 원래는 조선 땅 대동강과 한강에서나 하던 짓거리인데, 요즘에는 무시기 학당이니, 카페니, 협회니 하는 것을 만들어 기술을 전수하는 통에 이제는 전국 어디서나 흐르는 물에서는 안전한 곳이 없습니다."

견지낚시에 피해를 보고 있는 피라미 필서생이 말을 받았다.

"그렇습니다. 우리 일족도 누치님들과 마찬가지로 견지낚시에 피해가 많습니다. 맛난 애벌레가 물에 동동 흘러오는 것에 현혹되어 삼키기만 하면 끝장입니다. 혹간 견지꾼이 '누치를 노리는데 웬 피라미야' 하고 투덜대면서 놓아주는 경우도 있습니다만, 먹으려고 우리를 전문적으로 노리는 작자들이 태반입니다.

여울에 견지꾼들이 몰려와서는 우선 텐트를 친다, 차양막을 설치한다, 부산을 떤 다음 우리를 견지낚시로 낚아댑니다. 어지간히 낚으면 냄비바닥에 채소를 깔아 놓고 그 위에 우리 일족을 밀가루를 입혀 빙 돌려놓습니다. 그리고는 고추장이다 뭐다 각종 양념을 들입다 치고 볶고 지져댑니다. 도리뱅뱅이라 한다나요. 거기에 들깨를 뿌리고는 '흑임자 도리뱅뱅이'라며 희희낙락하기도 합니다. 그게 다 술 처먹자고 하는 수작들이지요. 그리고는 역시 자연이 좋다, 운운합니다. 허, 자연을 즐기는 게 우리를 학살하는 건가요?

호수에 사는 우리 일족도 피해가 많습니다. 낚시꾼들이 잉어님, 붕어님들을 잡으려고 뿌린 미끼에 우리들이 낚이면 '웬 잡어야' 하고 투덜대면서 재수 없다며 내팽개칩니다. 허, 잡어(雜魚)라니요. 우리도 성명 함자가 뚜렷하고 뼈대가 있는 가문인데 잡것 취급을 받다니 한심스럽습니다. 그리고 그냥 놓아 주면은 얼마나 좋습니까? 기대에 어긋났다며 돌에 태질을 쳐버리거나 발로 밟아 버리는 무작스런 놈들도 있습니다."

다음으로 쏘가리가 무거운 입을 연다.

"우리 쏘가리 일족들은 릴낚시에 피해를 입고 있습니다. 예전에도 줄낚시도 하고, 대낚시도 했지만 워낙 우리가 영민해서 잘 잡히지 않으니까 서양에서 배워온 릴낚시란 것으로 우리를 꼬여댑니다.

우리 일족은 워낙 체구가 장대해서 옛 분들은 5자가 넘는 거구를 자랑했습니다. 인간이 워낙 우리를 잡아대니 이젠 4자 정도인 제가 거구에 속합니다. 릴낚시꾼들은 우리가 사는 강 돌밭에 와서 우리의 먹거리 비슷한 가짜 미끼로 우리를 현혹합니다. 그리고는 어린 것들을 잡아서는 쇠고리에 좍 꿰어 허리에 차고 다니면서 자랑합니다. 그게 자랑인가요? 살생을 많이 한 작자가 감탄과 존경을 받는 인간이야 말로 잔인무도한 족속입니다. 또 한강 상류의 어느 군에서는 우리를 잡는 대회를 열고 있습니다. 군수란 작자가 제 인간세상 다스리기에도 바쁠 터인데 살생 조장대회를 열어 으뜸으로 살생한 자를 뽑아 상을 줍니다. 뭐, 향토문화 진흥사업이라나요, 살생조장 사업을 말입니다.

인간들은 낚시 금지기간이란 것을 두어 우리를 낚지 못하게 하기도 합니다. 우릴 보호하기 위해서라나요. 그러나 이것 역시 우리를 더욱 번성시켜 더 낚아내자는 흉악한 속셈입니다. 정말 우리를 보호하자면 아예 낚시를 금지해야 옳지 않겠습니까? 금지기간이 풀리면 이놈 저놈 할 것 없이 더 많이 몰려와서 낚시를 하는 통에 외려 피해가 더 늘고 있습니다.

인간은 우리를 날로 먹기도 합니다. 회란 것입니다. 회 이야기가 나오면 더 기가 막힙니다. 산 채로 우리 살점을 발라내서는 맛이 좋다고 먹습니다. 뭐, 자연산이라 좋다나요. 우리네가 자연에서 살았지, 어디 합성품입니까? 기가 막히고 참혹한 사연은 더 있습니다. 회를 뜨는 기술자가 있습니다. 우리를 엎어놓고 산채로 살을 발라내어 접시에 올려놓습니다. 어찌나 기술이 좋은지 피해를 입은 쏘가리는 그때까지도 죽지 않고 눈을 껌벅대며, 아가미를 벌름거립니다. 인간들은 이래야 싱싱하다나요? 죽지도 못하고 살지도 못하는 참혹한 모습입니다. 그러면서 양심은 있는지 물고기들은 감각이 없어서 그래도 괜찮다고 합니다. 어찌 고통을 느끼지 못하는 생물이 있겠습니까?"

쏘가리와 비슷한 피해를 입고 있는 여러 물고기 종족들이 눈물을 감추지 못하며 외친다.

"인간들은 각성하라!~"

"각성하라, 각성하라! 각성하라!!"

다음으로 외래어인 떡붕어가 입을 연다.

"우리네 붕어 집안이 입는 피해는 붕선생이 잘 말씀해 주셨습니다만, 좀 더 보태겠습니다. 우리 떡붕어는 본토 붕어님들과는 달리 물 바닥에 놀지 않고 물 중간에서 노닐며 삽니다. 물론 기상에 따라 아래위로 옮겨 다니기도 합니다.

우리들이 한국에 왔을 때는 낚시꾼들이 이것을 잘 모르고 있어 잡지를 못했습니다. 그래서 우리들은 타향이지만 살만한 곳이라고 여겼습니다. 그런데 우리를 팔아먹은 일본 놈들이 우리는 낚는 기술정보까지 알려주었습니다. 중층낚시라나요. 말하자면 우리가 놀만한 수층을 쫓아다니며 유혹하는 것입니다. 그 후부터 우리 살림도 더욱 팍팍해진 실정입니다.

그리고 우리를 대상으로 경기낚시라나 하는 것이 유행이 되었습니다. 정해진 시간에 얼마나 우리를 낚아내나 하기를 스포츠삼아 하는 것입니다. 물론 그런 곳에서는 그 자리에서 우릴 놓아주고는 합니다. 그곳 친척들은 잡혔다 놓였다 하는 통에 낚싯바늘 자국으로 입술이 온통 만신창이가 되었습니다. 산목숨을 가지고 운동이랍시고 놀고 즐기는 인간 특히 낚시꾼은 가증스럽기만 합니다. 우릴 먹는 놈들보다 더 흉악한 마음보입니다.

우리들을 잡아먹는 인간들에 대해서는 붕선생이 잘 설명해 주셨으니 더 보탤 것이 없습니다. 그런데 우리들도 이곳에 와서 여러 대가 지나는 동안 습성도 본토 분들과 비슷해졌고, 또 서로 혼인관계도 있었기에 이제는 토종 분들과 모습에 그리 차이가 없어질 정도가 되었습니다. 너무 쪽발이, 쪽발이 하면서 괄시하지 말았으면 합니다. 인간에게 괴로움을 당하는 것도 서러운데, 가까운 친척인 붕어님들마저 우릴 차별하면 정말 눈물이 납니다."

다음은 같은 외래어종 출신인 배스가 뒤를 이어 눈을 부라리며 말한다.

"우리 가문은 농어과로 바다에도 친척들이 꽤 있고, 또 미국에서는 그런대로 뼈대가 있는 가문입니다. 그러다 어느 날 갑자기 강제로 납치당해 이곳에 살게 되었습니다.

만리타향에서 외래어라고 괄시를 받지만 그러려니 순응해 가며 살고자 합니다. 우리가 괴로움을 당하는 낚시는 릴낚시입니다. 우리는 바위틈, 나무 그늘, 수초 틈에 살지만 낚시꾼은 루어란 것으로 우리를 유혹해 잡습니다. 루어는 우리가 먹는 여러 생물을 교묘하게 흉내 낸 물건입니다. 이것을 줄에 달아 수초 위에 던져 놓고 줄을 감아 움직이는 흉내를 냅니다. 예를 들자면 개구리 비슷한 루어를 우리 앞에 던져놓고는 유혹하는 것입니다. 우리도 조심성이 있어 의심스러우면 먹지를 않지만 어찌나 영악한 놈들인지 낚싯줄을 살살 감아 들이면 개구리가 수초위에서 폴짝 폴짝 뛰는 것처럼 보여 속지 않을 수 없습니다. 인간의 간교함이 이토록 놀랍습니다.

어떤 방송에서는 우리를 잡는 낚시를 중계하기도 합니다. 어쩌다 일족이 잡히면 사정없이 끌어들여 입술을 잡아 번쩍 들어 화면에 비추고는 '빅 배스'하고 자랑스럽게 말합니다. 한가지 이상한 것은 우리를 잡은 다음 뒤처리가 방송에 나오지 않는 것입니다. 살려주기도 하는데 방송에 나오지 않는 것은 까닭이 있습니다. 우리는 외래어라 이곳 인간들 법에 외래어를 물에 풀어 넣지 못한답니다. 외래어를 놓아주면 벌을 받는다 합니다. 고상한 척 잡았다 놓아주기(C&R)를 표방하는 배스꾼들이 우릴 죽일 수도 없고, 살려 줄 수도 없는 것이 인간 법이랍니다. 허허, 우리 선조를 잡아와서 이곳 물에 넣을 때는 언제고 이제는 물에 돌아가지도 못하게 하는 것입니까? 참 인간의 이중성이 이처럼 모순되기만 합니다.

그리고 우리가 이곳에 오고 싶어 왔습니까! 우리도 인간에게 강제납치를 당한 피해자입니다. 그리고 토종, 토종들 하시는데 우리도 이 땅, 이 물에서 낳고 자라난 어족입니다. 막말로 할작시면 우리도 이젠 토종인 것입니다. 그리고 우리가 이 땅에 와서 살자니 피라미 님들에게 피해를 준 일도 인정하며 사과드립니다. 어떻게 해서라도 식성을 바꿔 본터(本土), 아니 본수(本水) 분들과 평화공존을 해나가야 한다는 것이 우리의 기본생각입니다."

이제 마지막으로 회장인 잉어만 남았다. 4자가 넘는 잉어대왕 리백(鯉伯)은 유유히 지느러미를 펄럭이며 말을 꺼낸다.

"우리네 잉어도 낚시의 피해를 받고 있습니다. 예전에는 워낙 우리가 체구가 거대하고 힘이 좋아 낚시 같이 좀스런 방법으로 잡을 생각도 감히 못했습니다. 인간 중 윤(尹) 씨들도 먼 조상이 우리 선조에게 도움을 받은 적이 있어 우리를 먹기 꺼립니다. 또 우리가 용왕과 인연이 있는 영물(靈物)이기도 해서입니다. 그래도 우리가 인간 몸에 보(補)가 된다나, 우리를 낚시로 노리는 놈들이 늘고 있습니다. 특히 임산부가 있는 집에서 그렇습니다.

예전에 명주실로 낚시를 할 때는 그저 머리를 툭 돌리면 떼어낼 수 있었습니다. 물론 낚싯대도 와자작 불어지고요. 그런데 요즘에는 낚싯대가 카본이라나요, 신소재로 바뀐 것이 가늘고 약해 보이지만 실제는 질기고 강한 것이 여간해서는 부러지지 않습니다. 그리고 카본 줄이란 것도 끊어내기가 참 어렵습니다. 요즘은 우리 잉어들도 조심해야 되는 시절이 된 것입니다. 우리 어린 것들이 낚시에 걸려 빠져나가려고 몸부림을 치면 놈들은, '허! 손맛 좋다!'며 즐거워합니다. 인간은 우리들의 생사의 기로에 선 단말마적인 몸부림을 쾌감으로 즐기는 잔인한 것들입니다.

요전에 먹음직한 요리가 차려져 있기에 낚싯밥인줄 모르고 입을 대었다가 곡경을 치렀습니다. 뒤미처 함정인 줄 깨닫고 냅다 반대방향으로 달렸더니 낚싯대까지 끌려오더군요. 뭍에서는 '아이고, 대를 뺏겼네. 비싼 카본 낚싯대인데.' 하며 애타하더군요. 수초 속으로 도망가서 간신히 줄을 끊어 낚싯대는 떼어냈지만 바늘은 아직 입술에 남아 있습니다."

잉어는 입술을 올려 보인다. 과연 리백의 윗입술에는 금빛 낚싯바늘이 빨간 실을 대롱대며 꽂혀 있다. 아파 보인다. 잉어가 말을 계속한다.

"이제 주요 어족들의 낚시 피해 실상을 들었습니다. 이 짧은 시간에 그 참혹한 실상을 다 전할 수 있겠습니까? 그리고 발언하지 않은 다른 어족들의 피해도 엄청날 것입니다. 그렇다고 말로만 성토하고, 규탄해 보아도 인간들이 낚시를 그만두지 않을 것입니다. 이제부터는 낚시 피해를 없앨 수 있는 실질적인 방안에 대해 말씀하시기 바랍니다."

"옳소!"

"옳소. 그럽시다!"

사방에서 고함소리와 함께 이런저런 아이디어가 쏟아지기 시작한다. 잉어는 서기인 피라미를 돌아보며 부탁한다.

"필서생, 잘 기록하시어 요약한 다음 원탁회의에 올립시다."

필서생은 주요 발언을 요약해서 회의 의제로 올린다. 대표자 회의에서는 그럴듯한 방안을 골라 정리하고 검토한 다음 6개 방안을 선정 공포하였다.

첫째, 물고기들은 낚시 반대를 위한 단식투쟁을 한다.

둘째, 낚시터 근방에는 얼쩡거리지도 말자.

셋째, 낚시 미끼 감별 방법을 연구한다.

넷째, 낚시 미끼로 쓰이는 지렁이, 구더기 등 생물들과 협조하여 낚시를 방해한다.

다섯째, 어족들이 집단이주를 해서 아예 낚시꾼이 낚시를 할 수 없게 한다.

여섯째, 낚시 방어술 및 호어술(護魚術)을 닦는다.

잉어 대표자는 건별 내용을 검토 발표한다.

"첫째, 단식투쟁입니다. 우리가 아예 단식을 하면 낚시 반대에 대한 우리의 결연한 의지를 표명하는 한편 낚시에 걸릴 일도 없기는 합니다만, 먹고 살자니 어쩌다 낚시에 걸리는 것이 아니겠소. 앞으로 가능한 한 적게 먹기로 합시다. 소식을 하는 곳에서는 낚시가 잘 안 되어 낚시꾼들도 적게 꼬일 겁니다.

둘째, 낚시터 근방에 얼쩡거리지도 말자는 것도 한 방안입니다. 낚시꾼이 난리법석을 치는 곳 가까이 가지 말아야 할 것입니다. 그러나 조용조용 몰래 숨어 멀리에서 던져 놓는 낚시의 함정을 피하기는 어려운 일입니다. 아무튼 만사에 조심 그리고 또 조심이 최고입니다.

셋째, 낚시미끼 감별 방법입니다. 미끼 감별방법을 연구 규명하는 것은 단시간에는 어렵고 장기적인 해결과제로 삼아야 할 것입니다. 그러나 아무리 식탐이 든다 해도 그게 미끼가 아닌지 조심하고 먹고 싶어도 두 번 세 번 의심해야 합니다. 낚시꾼들도 날마다 새로운 미끼를 개발하고 있어 지속적으로 대응연구를 해야 과제입니다.

넷째, 지렁이, 구더기 등 미끼로 쓰이는 생물들과 연대하는 방안입니다. 그들이 인간의 낚시에 협조하지 않고, 물속에서 우리에게 미끼가 함정이라고 미리 정보를 준다면 분명 피해를 줄일 수 있을 것입니다. 미끼 생물들과 언어가 통하는 어족을 선정해서 그들과 공동보조를 취하기로 합시다. 지렁이, 구더기 종족도 낚시가 안 되면 미끼로 이용당하는 피해를 줄일 수 있어 협조할 것입니다.

다섯째, 어족들의 집단 이주 방안입니다. 여울에서 누치, 피라미 종족이 깊은 물로 이주해 버린다면 견지낚시가 안 될 것입니다. 또 대낚시 피해 종족들은 낚싯대가 닿지 않는 깊은 곳으로 이주해도 좋은 것입니다. 그러나 수억 년 우리 몸에 익은 풍수(風水)를 하루아침에 바꾸기는 어려울 것입니다.

여섯째, 낚시 방어술은 적극적인 좋은 방법으로 보입니다만, 구체적 내용에 대해서는 제 식견이 모자라 이해가 잘 안됩니다. 이 방안을 제안하신 분이 직접 설명해 주시면 어떨까요? 그분을 단상으로 모시고 싶습니다."

그 말에 호응해서 멀찌감치 있던 시커멓고 큼직한 늙은 메기 한 마리가 단상에 등장한다. 너부죽한 검은 얼굴, 큰 입가에 긴 수염이 의뭉스럽게 보이기도 하고, 또 지혜롭게 보이기도 한다. 메기가 느물대며 발언한다.

"저는 메기 일족의 원로인 점거사(鮎居士)라 하오. 우리 일족은 예부터 가문에 전승해오는 낚시방어술과 호어술로 낚시로 인한 피해를 줄이고 있습니다. 워낙 우리가 낚시에 잘 안 잡히니 인간들도 우리를 대상으로 아예 낚시를 하지도 않습니다. 우리 메기

가문 전승비법(傳承秘法)을 간략히 소개합니다. 제가 소개하는 기술은 인간을 농락하고 미끼를 빼어 내는 '낚시꾼현혹술(釣人眩惑術)'과 일단 낚시에 걸리더라도 탈출하는 '호어호체술(護魚護體術)'로 크게 구분 됩니다.

우선 현혹술에 대해 개략 설명하겠습니다. 우선 외진 곳에 먹음직한 것이 있으면 일단 의심하고 살짝살짝 건드려 봅니다. 절대 성급하면 안 됩니다. 낚시꾼들은 찌가 움직이면 정신을 바짝 차리고 주시하다가 낚싯대를 활딱 챕니다. 물론 헛손질이 되지요. 이렇게 두세 번 하면 성급한 낚시꾼이 지치게 마련입니다. 그때 신속하게 미끼를 빼내는 것입니다. 미끼를 시험 삼아 건드릴 때는 가능하면 입보다는 꼬리로 하는 것이 안전해 좋습니다.

다음은 공동현혹술입니다. 낚시꾼의 신경을 건드리고 시선을 딴 곳으로 돌리기 위해 다른 어종이 낚싯대에서 좀 떨어진 수면에 자취를 나타내거나, 혹은 철버덩 뛰어 올라 신경을 딴 곳으로 돌리게 하는 것입니다. 그때 얼른 미끼를 빼돌리지요. 큰 어족의 협조가 어려울 때는 '갈마들이법(番巡取餌法)'을 씁니다. 미끼에 현혹되어 낚이는 것은 음식을 탐내 앞 다투어 덤비는 성급함에 있습니다. 내가 남보다 빨리, 더 많이 먹으려고 서두르다가 낚시에 당하는 것입니다. 특히 붕어 님들 잘 들으십시오. 미끼를 발견해도 순서를 지켜 한 분씩 다가가 살살 현혹술을 쓰는 것입니다. 물론 이 방법을 쓰다가 실수를 해 낚이는 경우는 생깁니다만 일종의 복불복(福不福) 작전입니다.

호어호체술(護魚護體術)도 여러 초식이 있습니다. 우선 맛난 미끼를 취하려면 신중성과 신속성을 갖추어야 합니다. 다가갈 때는 처녀처럼 조용하게, 미끼를 취한 다음에는 비토(飛兎)같은 빠른 물러남이 중요합니다. 입안에 든 미끼를 재빨리 감식하여 쇠바늘 같은 이물질이 없나 판단하고 의심스러울 때는 아까워도 미련 두지 말고 얼른 토해내야 합니다. 그리고 미끼를 뺏고는 신속하게 현장에서 후퇴하는 것입니다. 미끼를 안전하게 먹고도 근처에서 늑장부리다가 옆구리나 꼬리 같이 엉뚱한 데 바늘이 걸리는 불상사가 일어나서입니다.

다음은 실수로 낚시에 걸렸다 하면 반대 방향으로 신속하게 냅다 들고뜁니다. 일명 '삼십육계술(三十六計術)'입니다. 잉어 님들이나 누치 님들이 평소 쓰시는 호신술입니다. 낚싯바늘이 빠지기도 하고 부러지기도 해서 탈출이 가능합니다. 그러나 바늘을 빼지 못하면 낚싯대까지 끌고 내빼는 것입니다. 그 사품에 상처를 입기도 하고, 끌리는 낚싯대가 부담이 되지만, 일단 현장을 벗어나 목숨을 건지고 나서 차후 바늘이나 낚싯대를 떼어 낼 방안을 강구합니다. 급한 불길을 우선 모면하고 나서 다음 방안을 강구하는 것입니다.

마지막 초술은 '위기탈출법(危機脫出法)'입니다. 낚시에 걸려 낚시꾼의 수중에 떨어지더라도 침착해야 합니다. 급히 탈출하려고 서두르면 낚시꾼의 경각심만 초래합니다. 낚시에 걸려 끌려갈 때는 가능한 한 조용히 따라가 줍니다. 보통 낚시꾼은 큰 고기를 잡으면 뜰채로 떠냅니다. 그러나 워낙 조용히 따라가면 방심해서 손으로 줄을 잡고 들어 올리려 합니다. 물에서 우리 몸이 이탈하는 순간이 타임입니다. 그때 있는 힘을 다해 몸부림을 치는 것입니다. 낚싯줄에 우리 몸이 걸려 무게가 최대로 걸리는 시간을 택하는 것입니다. 뜰채에 떠지거나 낚시꾼의 손에 들어가면 더욱 침착해야 합니다. 그땐 죽은 듯 더 가만히 있는 것입니다. 인간들의 심리적 허점을 파고드는 것입니다. 대체로 낚시꾼은 허영심이 많아 우리를 잡고 나서는 이리저리 살펴보고, 이웃에 자랑합니다. '허, 월척이야' 혹은 '멍짜야' 하면서 말입니다. 그래도 가만히, 조용히 참아야 합니다. 참지 못하고 움직이다가는 낚시꾼이 더욱 손에 힘주어 꽉 잡고 우리를 놓치지 않으려 하기 때문입니다. 낚시꾼이 안심하고 만족스러움에 우리 몸을 이리저리 뒤집어 볼 때가 적시입니다. 순간적인 힘을 모아 낚시꾼의 얼굴이나 배를 꼬리로 냅다 치고는 물로 뛰어 드는 것입니다. '죽음 가운데서 삶을 찾는 초술(死中求生術)'로 누치나 잉어 같이 웬만큼 체구가 있는 분들이 쓸 만한 기술입니다.

요약해서 말씀드렸지만 짧은 시간에 모든 기술은 전수할 수 없고, 더 상세하고 구체적인 기술에 대해서는 우리 메기가문에서 운영하는 호어술도장(護魚術道場)에 입관하시어 닦고 수련하면 좋을 것입니다."

점거사의 설명이 끝나자 모두들 머리를 끄덕였다. 설명 중 혹간은 자신이 써보기도 한 것이지만, 이처럼 체계화된 설명을 들으니 깨달음에 눈앞이 훤해진다. 잉어 위원장이 의젓한 모습으로 말한다.

"점거사 님, 감사합니다. 이제 오늘 대회를 결산하는 시간으로 종합적으로 정리해 보고자 합니다. 오늘 낚시 규탄대회를 통해 인간을 성토하고 피해 대책까지 논의 하는 등 많은 소득이 있었습니다. 필서생께서는 오늘 낚시 규탄대회의 경과와 어족 낚시피해 실태를 정리하시고, 또 낚시 피해 경감 방안으로 제안된 방안을 정리하셔 종합보고서를 작성해 주시기 바랍니다. 우리 대표자 7인회의(七友會)에서는 그 보고결과를 만방만수(萬邦萬水)에 널리 공포할 계획입니다.

메기 대표이신 점거사 님의 호어술도 훌륭했습니다. 가능하다면 상호애어정신(相互愛魚精神)에 입각해서 그 비술을 공개해 주셨으면 합니다. 그리고 각 어족에서는 날래고 영리한 젊은이를 뽑아 점거사의 호어도장에 입관시켜 각 어족에 알맞은 호어술을 닦게 하였으면 합니다.

오늘 대회결과는 수중세계에 반포할 것이며, 멀리 해외어족께도 전달되어야 할 것입니다. 자 모두들 오늘 대회성과를 널리 알리려 나섭시다. 감사합니다, 수고들 하셨습니다."

"만세, 만세! 만만세!"

"이제 광명이 찾아왔다. 인간들은 각성하라."

"칠우회(七友會) 만세! 잉어대표님 만세!"

용왕바위 만장에 우레 같은 함성이 일고, 열광하며 펄럭이는 물고기의 지느러미에 수중이 요동치고 천지가 진동한다. 뭍에 있는 어정쩡한 낚시꾼들은 물론 강변에 사는 인간들도 천지개벽하는 것 같은 소리에 얼굴이 파랗게 질리고 오금이 쪼그라든다.

그리하여 이 대회의 결과는 수중에 널리 퍼지고, 대회가 열리는 것을 미처 몰랐던 다른 곳 어족들은 참석하지 못한 안타까움에 양

지느러미를 마주치며 아쉬워했다고 한다. 이후 수중세계에는 잠정적이나마 평화가 찾아들었고, 어족 간의 상잔관계(相殘關係)도 적어졌다 한다. 낚시로 인한 어족 피해가 줄어든 것도 물론이다.

대회 이후로 인간 낚시꾼들 사이에는 요즘에 낚시가 안 된다는 소문이 쫙 퍼졌다. 낚시꾼들은 낚시가 잘 안 되자 '요즘 고기가 약아졌다'느니, 혹간 잡히는 철없는 어린 고기를 보고는 '요즘 물고기가 잘아졌다'는 등 툴툴거리는 소리가 많아졌고, 그런 사품에 낚싯대를 놓고 낚시를 아주 그만 두는 인사도 적지 않았다 한다.

이 기록은 대회 서기인 필서생이 정리한 것으로 먹물이 든 티를 내노라 '수중칠우쟁론기(水中七友爭論記)'라 이름붙인 것이다. 인간 규방의 여인의 삶과 밀접한 가위, 바늘 등 일곱 가지 바느질 도구를 의인화하여 인간행태를 풍자한 옛 글인 '규방칠우쟁론기(閨房七友爭論記)'를 흉내 낸 것이다.

한 싱거운 낚시꾼이 우연한 인연으로 이 기록을 입수하야 인간세상에 전하는 바이다. 이 글을 읽는 인간들은 느낀 바 있으면 부디 낚시라는 잔혹한 살생행위를 감가하고 삼가 할진저.

4. 그가 진실로 원한 것

사내는 오피스텔의 문을 열고 힐끗 밖을 둘러 본 후 문을 닫고 건물을 빠져 나갔다. 급할 것 없어 보이는 걸음걸이였다. 사내는 혼자 씩 웃는다. 망할 놈. 말로 할 때 곱게 듣지 않고. 사내는 큰길로 유유히 사라졌다.

사내가 나온 오피스텔 안에서 가느다란 신음소리가 새어 나왔다. 잠시 후에 건물 밖에서 요란한 사이렌 소리가 나고, 강도신고를 받고 출동한 경찰차가 도착했다. 차에서 두 사람의 경찰이 내려 건물로 급한 걸음으로 들어갔다. 좀 나이가 든 남자경찰과 젊은 여자경찰이었다.

나이 든 경찰이 피해자에게 물었다.

"어떻게 된 것입니까?"

의자에 앉은 피해자는 수건을 머리에 댄 채로 대답한다. 수건에서는 피가 배어나오고 있었다.

"사무실 문을 열고 들어가려는데 복도를 지나가던 남자가 뒤에서 밀고 들어오더니 돈을 요구하더군요. 돈이 없다고 하니 주먹으로 때립디다. 그리고는 자기 집처럼 돈 있는 곳을 금방 찾아내고는 한 대 더 때리더군요. 정신을 잃었지요."

오피스텔을 사무실 삼아 쓰는 채권업자였다.

“딱 두 대를 맞았는데 정신을 잃었다.... 꽤 주먹이 센 놈이군.”

하고, 나이든 형사가 중얼거리면서 범인의 생김새에 대해 물었다. 피해자는 순식간에 당한 일이라 범인의 인상착의를 제대로 설명하지는 못했다. 키가 크고, 챙이 큰 모자를 눌러쓰고, 검은 안경을 썼다는 것이 전부였다. 여자 경찰이 수첩에 기록하다가 묻는다.

“모자와 안경 외에 대해 생각나는 것은 없으세요?”

“안경이 보통 선글라스와는 모양이 달랐어요, 렌즈 부분이 크고 눈 아래쪽이 뾰족했어요. 아 그리고 멱살을 잡을 때 몸에서 좀 이상한 냄새가 났어요.”

“무슨 냄새요?”

“뭐랄까, 썩은 것 같기도 하고, 좀 퀴퀴한 냄새가.....”

현장 상황 조사가 끝난 후 건물을 나오면서 여자 경찰이 나이든 사람에게 말한다.

“유 선배님. 좀 특이한 안경을 썼다는 거 외에는 별 소득이 없군요. 그리고 퀴퀴한 냄새라는 것도 막연하고요.”

“현 순경. 특이할 것도 없어. 흔한 편광안경이야. 낚시나 등산용으로 쓰는 안경일 거야. 요즘 이런 스타일의 강도 상해 사건이 몇 건 있으니 서에 가서 확인해 보자고.”

사내는 차를 몰면서 오른쪽 주머니를 확인하고 씩 웃는다. 간단히 꽤 큰돈이 생긴 것이다. 혼잣말을 한다. ‘그런 놈은 은행 다니는 것을 꺼리지. 현찰 아니면 불안한 건지.’

당분간 일을 벌이지 않을 생각이다. 수사도 피할 겸 산골을 한 바퀴 돌고, 아니면 낚시터에 가서 돈이 떨어질 때까지 버텨야지. 사내는 돈이 필요할 때마다 강도질을 한다. 그러나 가능한 한 조용히 해결하려고 한다. 그도 완력을 쓰고 싶지는 않다. 하지만 세상에는 돈을 생명보다 더 중히 여기는 사람이 꽤 많다.

그럴 땐 완력을 쓰게 마련이지만, 사내는 두 번 이상 주먹질을 한 적이 없다. 아니 할 필요가 없었다. 사내의 주먹을 두 번 이상 견디는 사람이 없는 것이다. 차를 몰다가 사내는 지난 건을 생각하고는 어깨를 으쓱한다. 그 땐 내가 심했나? 나이 든 영감이 앙탈을 떨기에 한 주먹 안긴 것이 거품을 품고 뻗어버린 것이다. 뉴스를 들으니 영감이 죽었다는 것이다.

그 시간, 유 형사와 현 순경은 사건 기록을 검토하고 있었다. 유 형사는 책상위에 다리를 뻗치고 있어 한가한 모양이지만, 현 순경은 콧등에 땀이 송송 난 채로 바쁘게 돌아간다. 현 순경이 자료 파일을 한 아름 안고 와서 유 형사의 책상에 털썩 놓고는 유 형사의 발을 밀어 버렸다.

"우리 관내는 아니지만 비슷한 형태의 사건이 꽤 있어요. 검토해 주세요."

유 형사는 사건 기록을 살펴보고는 현 순경에게 말한다.

"살인이나, 상해 사건 중 흉기가 밝혀지지 않는 사건도 더 찾아보시지."

사내는 지금 국도를 달리고 있다. 어두운 밤이지만 차 속도를 늦추지도 않는다. 여주로 들어가는 도로 표지만이 보인다. 몇 달 전 일이 생각난다. 그 시에서 건수를 찾아 배회하다가 한적한 길에서 한 젊은 여자가 지나가는 것을 보았다. 어두운 뒷모습이 예뻐 보인다. 여자의 어깨에 손을 얹고 돌려세우고는 돈을 요구했다. 꼭 돈이 필요해서도 아니었다. 젊은 여자는 놀라지도 않고 빤히 그를 처다 보면서 핸드백에서 지갑을 내어 주었다. 지갑 속에는 잔돈만 있을 뿐 돈이랄 것이 없었다. 어이없어 지갑을 돌려주니 아무 말 않고 돌아서 걸어간다.

크지 않은 키였지만 날씬한 몸매였다. 그리고 그를 쳐다보는 눈망울이 맑고 크다. 그는 여인을 몰래 따라갔다. 왜 뒤를 쫓았는지 자신도 모를 일이었다. 여자는 근처 아파트로 들어갔다. 사내는 아파트 앞에서 우두커니 서 있었다. 조금 있으니 어둡던 아파트 한 층에서 불이 켜진다. 사내는 그 아파트의 동수, 호수를 마음에 새겨두었었다.

바로 그 여자를 만났던 근처인 것이다. 자기도 모르게 차 핸들을 돌려 시내로 가서 그 아파트 공터에 차를 세웠다. 그녀의 아파트는 불이 꺼져 있다. 담배를 태우며 한참 기다렸을 때였다. 발소리가 들리고 그녀가 자기 집을 향해 들어가고 있었다. 그는 끌리듯 그녀를 따라갔다. 그녀가 아파트 문을 여는 순간 그도 빠르게 그녀의 뒤를 쫓아 따라 들어갔다. 그녀는 놀라지도 않은 듯 멍하니 그를 쳐다본다. 그 눈망울이 어디서 본 듯 마음에 당겨든다.

10여 평 정도의 자그만 아파트였다. 거실에 작은 탁자가 놓여 있다. 그는 의자에 앉으며 싱겁게 말을 걸었다.

"나야. 오늘은 돈 때문에 온 것이 아니야."

그녀는 빤히 그를 쳐다보다가 탁자에 핸드백을 놓고, 다시 어떤 생각이 난 듯 전화를 꺼내 탁자에 놓는다. 그리고 방으로 들어갔다. 잠시 후 그녀가 평상복을 입고 나와 탁자를 사이에 두고 앉아 그를 바라보았다.

"오늘은 그냥 너를 보려고 온 거야. 네 눈을 다시 보고 싶었어."

여자는 아무 말이 없다. 사내는 여자를 한참 바라보고 있다가 몸을 돌려 문 쪽으로 갔다. 문을 열려다 그녀에게 다시 말을 걸었다.

"왜 소리치지 않지? 저번에도 그렇고, 오늘도..."

그녀는 희미하게 배시시 웃는다. 아니 웃는 것처럼 보였다. 그리고 가는 목소리로 말한다.

"소리쳐야 무슨 소용 있나요?"

사내는 문을 열고 나가려다 돌아서서 팔을 벌리며 말했다.

"이리 와 봐..."

여인은 가까이 와서 무너지듯 그의 품에 안긴다.

그 시간 유 형사와 현 순경도 나름대로 바쁘게 움직이고 있었다. 유 형사는 생각에 잠긴 듯, 아니면 졸고 있는 듯하였고, 현 순경은 컴퓨터 앞에서 바쁘게 움직이고 있다. 화면에는 지도가 나와 있고, 현 순경의 손이 움직이는 대로 지도에 변화가 생긴다. 현 순경이 유 형사에게 말을 걸었다.

"선배 님. 이리와 보세요. 몇 년 동안 비슷한 사건을 모두 입력해서 장소와 시간별로 지도에 올리니 재미있는 결과가 나오네요."

컴치인 유 형사는 좀 어리둥절하다. 현 순경이 마우스를 이리저리 움직이자 지도에 붉은 표시가 나타난다. 주로 경기도와 강원도 지역에 나타난다. 그러고 나서 좀 더 지도를 크게 해 보여주고, 또 사건 발생 시간대별로도 보여준다.

"가만 있자. 요 몇 년 동안에는 주로 한강을 끼고 있는 곳에서 사건이 일어났군....."

"예, 비슷한 유형의 사건이 서울에서만 일어나다가, 몇 년 전부터 양평, 여주, 원주, 단양, 영월에서도 일어나고 있어요. 한 사람의 소행이 틀림없어요. 자, 보세요."

컴퓨터화면에 붉은 표시가 차례차례 나타난다. 서울에서부터 영월까지가 차례로 나온다. 그러다가 그 방향이 반대로 움직인다. 시간에 따라 피의자가 움직이는 경로인 범행 동선이 확실하다.

"흐음~ 요즘은 주로 남한강을 따라 움직이고 있군. 가만 있자.... 어이 현 순경, 나 잠깐 어디 좀 갔다 올 테니까, 그 오피스텔의 피해자 바로 서로 오라고 해. 빨리!"

오피스텔 사건의 피해자가 연락을 바고 서로 급히 달려왔다. 잠시 후 유 형사가 검은 비닐봉지를 들고 들어온다. 그러고는 비닐을 열고 피해자의 얼굴에 바싹 대고 나서 묻는다.

"선생. 이 냄새 기억하시오?"

"아! 맞습니다. 그 놈한테서 나던 냄새입니다."

현 순경이 어리둥절해 있으니 유 형사가 봉지를 내민다. 봉지 안에는 헝겊 주머니가 들어 있고, 퀴퀴한 냄새가 난다. 현 순경이 유 형사의 얼굴을 보며 눈썹을 치켜뜬다.

"견지낚시 미끼 주머니야. 그 놈은 견지낚시를 하고 있어. 편광안경, 구더기 냄새, 강. 놈은 남한강에 견지낚시를 자주 가고 있어. 그것도 주로 평일에 말이야. 자, 단양 쪽에 연락을 해 놓고 우리도 그쪽으로 가보자고."

사내는 여자의 집을 나와 동쪽으로 차를 움직이고 있다. 헤어진 그녀의 눈망울이 선하게 떠오른다. 착하고, 외롭게 보이는 눈망울이었다. '그래, 그녀에 비하면 나는 정말 못된 놈이야. 벌 받을 거야.' 하고 중얼거린다. '그래, 나도 원래 나쁜 놈은 아니었는데 어쩌다 보니 이렇게 되었어. 언젠가는 잡혀서 그곳에 가게 되겠지.'

모질게 살아온 인생이었다. 사람을 때리고 돈을 뺏으면서도 죄책감은 없었다. 그런데 오늘은 좀 감상적이 된 것 같아, 하며 혼자 웃는다. 헤어지면서 문간에서 바라본 그녀의 눈망울 때문일 꺼야.....

그래. 그런 착한 여자와 함께라면 바른 인생을 보낼 수도 있을 텐데. 아냐, 이제라도 될 수 있을지 몰라. 그는 길가에 성당이 있는 것을 보자 들어가 차를 세우고 신부에게 고행성사를 받아달라고 부탁했다. 두 시간 후 사내는 성당을 나왔다. 혼잣말을 한다. '참 짧은 인생에 내가 못된 짓도 많이 했네. 이제 고해를 했으니 나는 새사람이 된 거야.' 그러나 늙은 신부가 한 말은 그게 전부가 아니었다.

"당신 죄를 하느님 앞에서 사합니다. 당신이 한 일을 진심으로 뉘우친다면 자수해서 죄 값을 받으세요. 그리고 당신이 원하는 것은 정말 하느님을 찾고 그 앞에서 진실로 바랄 때 이루어질 것입니다."

신부 영감 좀 웃기네. 사내가 당장 원하는 것은 다른 것이 아니었다. 쫓기는 불안감에서의 해방, 그리고 눈망울이 선한 그녀와의 만남, 그리고 푸른 여울에 들어서는 자유로움이었다. 사내는 자수할 마음이 전혀 없다. 오직 그녀의 눈망울과 가냘픈 몸매를 원하고, 여울에 들어서서 푸른 물결 속에 서있는 것을 바란다. 그녀를 생각하니 사내는 가슴이 저려오는 듯하고, 마음이 아릿해진다.

사내는 남한강 상류를 바라고 길을 가다가 외진 갈림길에 있는 카페에 들렸다. 그곳은 살림집도 없이 홀아비 혼자 장사하는 곳으로, 특별히 음식이나 차가 좋아서 들린 것은 아니다. 사내가 그곳을 좋아하게 된 것은 벽에 걸린 사진 때문이었다. 푸른 여울에 한 남자가 들어서서 견지낚시를 하고 있는 사진이다. 지나치다 우연히 그 사진을 보았을 때 사내는 자신이 바란 것이 저런 모습이 아닌가 생각하였다.

주인에게 견지낚시를 배우게 되었고 요 몇 해 남한강을 오르내리게 된 것이다. 사내는 커피를 한 잔 시켜 놓고 물끄러미 사진을 바라본다. 푸른 여울이 굽이쳐 흐르는 강물 속에 낚시꾼이 견지를 들고 먼 곳을 바라보고 있다. 하늘과 물이 낚시꾼과 어울려 푸르기만 하고, 사진을 보는 사내의 마음도 푸르게 둥둥 떠가는 것 같다.

유 형사는 현 순경이 모는 차에 앉아 졸고 있다가 눈을 떠 보니 벌써 단양읍을 지났다. 옆을 바라보니 운전대를 잡은 현 순경의 표정이 피곤해 보인다. 미안한 생각에 말을 걸었다.

"피곤하지? 어디 잠깐 쉬었다가 가지 않겠어? 저 작은 길 쪽에 조용한 카페가 있는데...”

현 순경이 알았다는 듯 고개를 끄덕이고 카페로 들어가는 작은 길로 들어섰다. 그리고 빈터에 차를 세웠다.

사내는 입구 쪽에 있는 화장실에 갔다가 차가 들어오는 것을 보았다. 남녀 두 사람이 차를 내린다. 남자는 중년으로 듬직해 보이는 모습이고 호인으로 보이지만, 졸린 듯 보이는 가는 눈매를 하고 있다. 여자는 젊고 당차 보이고 눈매가 보통이 아니게 생겼다. 전혀 어울리지 않는 한 쌍이다.

아베크족은 절대 아니다. 사내는 범죄자의 예민한 감각으로 수사관 냄새를 맡을 수 있었다. 화장실에 잠시 더 있다가 남녀가 카페 안에 들어간 것을 확인하고 살그머니 나와 차를 몰고 떠났다. 오던 길로 되돌아갈까 생각이 들었지만 머리를 흔든다. 내가 좀 과민해진 모양이야. 그녀를 만났고 또 성당에 들러 신부를 만난 후 소심해진 것이야, 하고. 사내는 차를 몰아 원래 예정대로 구인사 쪽으로 길을 들었다.

유 형사는 차 시동 소리를 듣고 창 쪽으로 가서 차가 떠나는 것을 보았다. 건장한 젊은 사내이다. 현 순경은 먼저 자리를 잡고 사진을 바라보고 있다. 그리고 유 형사에게 묻는다.

“선배 님. 저 사진의 모습이 견지낚시를 하는 건가요?”

유 형사는 대답을 않고 카페 주인을 보고 묻는다.

“지금 간 손님, 잘 아는 사람입니까?”

“아니요. 가끔 들리는 견지낚시꾼이에요. 오늘은 돈도 안 주고 가네요.”

주인의 대답소리를 듣고 유 형사는 어디론가 전화를 걸고 나서,

현 순경을 바라보고 말한다.

"그래. 견지낚시 하는 모습이이지."

"멋지네요. 저런 맑은 여울 속에 서 있으면 마음도 맑아지겠네. 언제 견지낚시 좀 가르쳐 주세요. 견지란 게 멋지네요."

"견지낚시 멋지지. 그런데 저 사진은 좀 엉터리야."

의아한 듯 바라보는 현 순경을 바라보며 말을 이었다.

"푸른 여울이 멋지지? 보기에는 저렇게 멋지게 보이지만 물속에 서면 물살이 아주 세고, 위험하지. 사진 속 낚시꾼은 꽤 깊이 들어서 있는데 구명조끼가 안 보이네. 그리고 저 정도 물살과 깊이에 서려면 몸을 의지하는 수장대가 앞에 있어야 하는 데 그것도 없고. 아마 연출 사진이거나, 철없는 초보 꾼의 사진인 게지."

사내는 여울에 들어서서 낚시를 하고 있다. 어쩐지 불안한 생각이 들어 낚시에 집중이 안 된다. 그녀 생각만 자꾸 난다. 어느 듯 여울에 어둠이 덮이고 있다. 사내는 여울에서 나와 차를 타고 망설인다. 아침에 헤어진 그녀에게 가고 싶어진다. 그녀를 향한 그리움에 가슴이 저려진다. 이제 두 번 만난 것에 불과한데도, 사내를 그녀와의 만남이 운명적인 것으로 믿고 있다. 그리고 헤어질 때 말없이 바라보는 그녀의 눈은 꼭 돌아와 달라고 호소하는 것 같았다. 아니 그는 그렇게 느꼈다.

벌써 어둠이 짙어졌다. 차를 몰고 가던 사내는 단양이 가까워지자 무언가 불안한 생각이 들어 차를 세우고 길가 가로수에 소변을 보았다. 그리고 멀리 단양읍으로 가는 길을 바라보았다. 차가 연달아 두 대가 오더니 멈추어 선다. 그리고 한 대가 출발을 하고, 다음 차에 사람이 다가가는 모습을 어둠 속에서 알 수 있었다.

사내는 본능적으로 경찰검문이라는 것을 알았다. 차를 돌려 반대방향으로 몰았다. 구인사 못미처 삼거리에서도 검문이 있었다. 다시 차를 돌려 어상천 방향으로 꺾다가 그 쪽으로 가보아도 마찬가지란 것을 깨달았다. 남한강 강변에 갇힌 것이다.

사내는 우선 차를 숨겨야 한다는 것을 깨달았다. 차를 돌려 그 숲속의 카페로 가서 뒤뜰에 차를 세워 놓고는 카페 안으로 들어갔다. 주인이 이 시간이면 마을에 있는 집에 가고 없음을 알고 있었다. 사내는 스위치를 찾아 불을 켰다. 벽에 걸린 사진에는 낚시꾼이 여울에 들어서서 먼 곳을 바라보며 행복한 표정을 짓고 있다.

유 형사는 어두운 길에서 현지 경찰과 연락을 하고 있다. 단양, 영춘, 원주 쪽으로 완전히 검문소가 설치되어 있고, 범인이 그 범위 안에 있다면 외지 차가 없는지 탐문해가면 찾아낼 수 있을 것이다. 현지 경찰이 전화를 받더니 유 형사에게 단양으로 가는 고개 못미처에 있는 카페 쪽 오솔길로 외지 차가 들어갔다는 신고가 있었다 한다. 현 순경과 현지 경찰에게 눈짓을 하고 그쪽으로 차를 몰았다. 카페 근처에 오자 이제까지 켜져 있던 불이 꺼진다.

사내는 멍하니 사진을 바라보고 있었다. 저런 모습을 하고 살 수만 있다면, 그리고 그니를 다시 만날 수 있다면..... 그렇게 되면 새 사람으로 살아갈 수 있을 것인데. 그때 밖에서 차 소리가 들려왔다. 사내는 무의식적으로 전등 스위치를 내리고는 곧바로 후회했다. 이건 사람이 있다고 신호한 것이 아닌가? 바보 같이...

그때 사내의 눈에 벽 한구석에 환한 십자가가 어둠 속에서 떠오르는 것을 보았다. 깜짝 놀랐지만 바로 그것이 형광십자가인 것을 알 수 있었다. 하지만 그 십자가는 사내에게 구원의 손길처럼 느껴졌다. 그 아래 꿇어앉아 간절히 기도하기 시작했다.

'하느님. 절실히 기구합니다. 저를 이 자리에서 구해주세요. 그니를 다시 만날 수 있게 해 주세요. 저를 저 여울에 다시 서게 해 주세요!'

유 형사 일행은 별안간 불이 꺼지자 잠시 카페를 둘러싸고 기척이 있기를 기다렸다. 한참을 기다리다가 손신호를 주고받으며 카페 안으로 들어갔다. 아무런 인기척이 없다. 손전등으로 전기스위치를 찾아 불을 켰다. 카페 안에는 아무도 없었다. 그때 현 순경이 소리를 질렀다.

"선배님. 저 사진 좀 보세요! 사진이 아까와 달라요!"

벽에는 여전히 액자가 걸려 있었고, 사진 속 여울의 푸른 물이 흐르는 것은 변함없었다. 그러나 견지를 하던 사진 속 낚시꾼의 모습은 보이지 않는다.

사내는 생전 처음으로 절실한 마음으로 십자가를 보면서 손을 모아 기도했다. 밖에서 낮은 목소리와 발소리가 들려온다. 아, 이제 그만이구나 하는 순간이었다. 사내의 눈앞이 별안간 환해지고, 자신이 여울 속에 들어와 있음을 깨달았다.

기도가 통한 것인가? 놀라운 그 기적에 사내가 기뻐할 틈도 없었다. 여울의 센 물살에 사내가 떠내려가고 있었다. 사내는 본능적으로 손을 앞으로 내밀어 수장대를 찾았으나 손에 잡히는 것이라곤 아무 것도 없었다.

5. 옛 기록에 나타난 견지낚시

견지낚시가 오래전부터 해 온 낚시임에도 옛 기록은 그다지 많지 않다. 견지낚시가 나오는 대한 옛 기록의 내용을 살펴본다.

(1) 유조법(流釣法)

우선 서유구(徐有榘, 1764~1845)의 『임원경제지(林園經濟志)』 전어지(佃漁志)[2]에 기록된 유조법(流釣法)이다.

“이름난 낚시법이 하나가 아니어서, 대체로 물이 모인 깊은 곳에서 한다. 그러나 이 낚시만은 얕은 여울물에서 그 흐름을 따라가면서 고기를 잡는다. 그러므로 유조(流釣, 흘림낚시)라고 이름한다. 그 법은 대나무를 쪼개어 작은 네모난 틀(方匡)을 만드는데, 그 길이는 8~9치에 너비는 5치가 된다. 그 가운데에 막대기 하나를 끼워 자루를 만든다. 낚싯줄 한쪽 끝을 틀에 매어 손으로 자루

---

2 『임원경제지』는 서유구가 저술한 박물학서로 『임원십육지』 또는 『임원경제십육지』라고도 한다. 전원생활을 하는 선비에게 필요한 지식과 기술, 그리고 기예와 취미를 기르는 백과전서로 생활과학서의 성격을 지니고 있다. 이중 전어지는 사냥과 어로법에 관해 설명하고 있다.

를 잡고 돌리면 낚싯줄이 자연 그 틀(얼레)에 감기게 되는데 얼레로 연줄을 감는 것과 같다. 낚싯줄의 길이는 30여 척인데 줄 끝에 낚싯바늘을 매달고 낚싯바늘 위에는 콩알 크기의 납덩이를 매단다. 납덩이 위로 몇 촌을 가서 억새 줄기를 몇 촌 쯤 매단다. 지렁이나 물 밑바닥의 돌에 붙어사는 청충(靑蟲: 곤충의 유충)을 미끼로 한다. 얕은 여울에 들어가서 물 가운데를 바라보며 낚시를 던져 넣고, 천천히 낚싯줄을 풀어 주면서 당기기도 하고 풀기도 하기를 마치 연을 날리듯이 한다. 물고기가 와서 미끼를 건드리면 손 안의 낚싯줄이 새가 먹이를 쪼는듯하고 물고기가 미끼를 완전히 삼키게 되면 줄이 팽팽히 긴장되는 것을 느끼게 된다. 그때 얼레에 줄을 감게 되면 물고기가 줄을 따라 위로 올라온다. 이는 물결이 일고 여울이 급한데다 물결을 거슬러 잡아당기므로 물고기가 미끼를 토할 겨를이 없기 때문이다.”

< 원문> 流釣法. 釣之名品不一, 大率用之於水匯淵深處. 惟此釣, 用之於淺灘, 隨流而求魚, 故名流釣. 其法剖竹作小方匡, 長八九寸, 廣五寸, 中貫一竿爲柄. 繫緡一端于匡, 手執柄旋轉, 則緡自收絡于匡, 如籰之收絲也. 緡長三十餘尺, 末繫針鉤, 鉤上懸豆大鉛丸, 丸上進數寸, 繫荻梗寸許, 以蚯蚓, 或水底附石青蟲爲餌. 就淺灘上, 向中流投之, 漸解其緡, 或牽或解, 如弄紙鳶. 魚來戲餌, 則手中之綸, 如鳥啄, 及其全呑, 則便覺緊重, 乃歛絲於竿匡, 則魚隨綸而上. 蓋其水波湍急, 逆流而牽, 不暇吐餌故也.

이 낚시는 여울견지를 설명하고 있으며, 오늘날의 견지를 ‘죽광

(竹匡: 대로 만든 네모난 틀)'과 '방광(方匡: 네모난 틀)'이라 표현하고 있다. 이는 '견지'란 말이 한자말이 없는 우리말임을 뜻한다.

19세기초 기록화인 평양성도 3폭의 여울견지 모습

낚시 과정에서 입질을 느끼는 순간(則手中之綸, 如鳥啄)은 얼레를 통해 느낀 것인지, 줄을 손에 잡고 있는 것인지는 확실치 않다. 이 경우 한 손에 줄을 잡고 낚시를 할 수도 있는데, 노조사들이 '줄목을 잡는다' 고 부르는 방법이다. 얼레낚싯대가 예민하지 못한 때에는 손으로 잡은 줄을 통해 어신을 느끼는 것이다.

(2) 차자조(車子釣)

이규경(五洲 李圭景, 1788~미상)이 쓴『오주연문장전산고(五洲衍文長箋散稿)』의 차자조(車子釣) 역시 견지낚시를 묘사하고 있다.『오주연문장전산고』는 조선 24대 헌종(憲宗) 때 이규경이 고금의 사물에 대하여 고증하고 해설한 백과사전과 같은 성격의 책이다.[3] 이 책의 인사편(人事篇/器用類/漁具) 편에서는 '漁具辨證說'이라는 제목으로 어구에 대해 설명하고 있는 가운데 견지낚시에 대해서도 기술하고 있다.

"이제 강 위의 낚시꾼이 작은 배에 타고 있는 모습을 보면, 손에 든 실을 감은 작은 얼레(小籰車子)를 강중에 던져 물결을 따라 내려서 혹 감기도 하고 풀기도 한다. 그러다가 고기가 물어 낚싯줄이 팽팽해지면, 급히 얼레를 돌려 고기를 끌어 올린다. 이것이

---

3 이 책은 역사, 경학, 천문, 지리, 불교, 도교, 서학(西學), 예제(禮制), 재이(災異), 문학, 음악 , 음운, 병법, 광물, 초목, 어충, 의학, 농업, 광업 등 총 1,417항목에 달하는 내용을 변증설(辨證說)이라는 형식을 취하여 고증학적인 방법으로 해설하고 있다.

바로 옛 조차낚시의 전해진 모습이다.”

< 원문> 今見江上漁父乘小艇, 手一小籰車子纒釣絲, 投釣江中, 隨波而下, 或纒或解. 有魚中餌, 則釣絲緊弸, 急轉籰車, 引上取魚. 此是古之車子釣之遺意.

어구변증설에서는 중국의 장지화(張志和)의 시[4], 육구몽(陸龜蒙)의 시(漁具之詠), 당대 담용지(譚用之)의 시[5]에 나오는 얼레낚시인 조차(釣車), 차자조(車子釣), 조어차(釣魚車)가 우리나라에 어떤 모습으로 있는가를 변증하고 자신의 의견을 붙이고 있다.

이러한 묘사는 견지낚시, 특히 배견지 낚시를 보고 기록한 것이다. 우리 옛 글에 나오는 조차(釣車), 차자조(車子釣), 조어차(釣魚車)는 모두 얼레낚시를 이른 것으로 견지낚시라 볼 수 있다.

(3) 삼봉조법(三鋒釣法)

『임원경제지』 전어지에 삼봉조라는 이름으로 얼음낚시에 대해 기록이 있다.

“이 낚시는 하나의 낚시 뿌리에 세 개의 갈고리가 달린 것인데 모양이 쇠스랑과 같다. 명주실로 낚싯줄을 만들어 한 쪽 끝은 낚시 바늘의 뿌리에 매달고 다른 한 쪽 끝은 낚싯대에 매다는데 낚싯대는 유조법(流釣法)에서 사용하는 낚싯대와 같다. 강물이 모이

4 車子釣, 橛頭船, 樂在風波不用仙.

5 碧玉蜉蝣迎客酒, 黃金轂轆釣魚車.

는 깊은 곳에 가서 미끼를 쓰지 않고 낚싯줄을 풀어 넣는다. 그러면 낚싯바늘이 자연 위로 향하게 되어 물고기들이 와서 걸린다. 자못 손에 묵직한 느낌이 있을 때 바로 낚싯줄을 거두어들이면 물고기가 바늘에 걸려 낚싯대를 따라 올라오게 된다."

<원문> 其釣一根三鉤, 形如鐵搭繭絲爲綸, 一端繫釣之根, 一端繫于竿, 竿如流釣之竿. 就江水匯深處,不粧餌, 解綸投之, 則其鉤自然向上, 魚來觸之. 頗覺手重, 不住收綸, 則魚中鉤上竿矣.

최근까지 성행하던 얼음 삼봉견지를 설명하고 있다. 낚싯대를 '유조법(流釣法)에서 사용하는 것'으로 설명한 부분이 유조법(流釣法)이 견지낚시라는 것을 반증하고 있다. 이 낚시로는 주로 겨울에 빙상에서 잉어를 잡았던 것이다.

(4) 낚싯배

이규경이 쓴 『오주연문장전산고』의 주차변증설(舟車辨證說)에는 낚싯배 설명이 있다.

"배를 말함에 있어 작은 배를 접(艓), 료(舠), 모숙(艒䑿), 책맹(舴艋)이라 한다. 책맹은 작은 낚싯배로 모숙이며, 조주(釣舟)이다."

<원문> 以舟而言, 則小者爲艖艓, 爲舠, 爲艒䑿, 爲舴艋. 舴艋, 小漁舟, 艒䑿, 竝釣舟.

이 기록에는 낚시하는 배를 책맹선이라고 적고 있다. 책맹(舴艋)이라 함은 책맹(蚱蜢, 벼메뚜기 책, 벼메뚜기 맹)에서 비롯된 말로 배의 모양이 앞뒤가 뾰죽한 것이 마치 방아깨비와 흡사하다는 뜻이다. 예전에 쓰던 낚거루(한강 지역)와 마생이(대동강 지역)와 같이 앞뒤 모양이 비슷한 낚싯배를 이르는 것이다.

(5) 먹이를 던져 물고기를 모으는 방법(投餌聚魚法)

『임원경제지』 전어지에 밑밥을 사용하는 방법이 기록되어 있다.

"깻묵과 술지게미는 모두 물고기의 향기로운 미끼이다. 깻묵이나 술지게미를 두 손으로 두드려 하나의 덩어리를 만들고, 황토 진흙으로 얇게 싸서 햇볕에 말린다. 낚시를 하는 사람이 배를 타고 물이 깊고 물고기들이 입질하는 곳에 가서 한 덩어리를 던져 넣는다. 그러면 물고기들이 모두 냄새를 맡고 모여든다. 그런 뒤에 바로 그 곳에서 낚싯대를 드리우기 시작하면 만에 하나라도 실수하는 법이 없다. 혹 새끼줄로 작은 그물을 만들어 미끼를 넣어 고물에 매달고 물고기들이 왕래하는 곳에 가서 그 그물의 벼리를 흔들어 미끼가 흘러나오게 해도 또한 좋다."

< 원문> 投餌聚魚法. 麻籸酒糟,皆魚之香餌也.取麻籸或酒糟,兩手挼作一團,以黃泥薄裹晒乾.釣者乘船,到水深魚喁處,投下一團,則魚皆聞香而聚.然後始投釣,政當其處,則萬不一失.或以藁繩,作小網,貯餌,繫之船尾,行到魚往來處,即搖其網之綱,令餌漏下,亦可.

이 글은 밑밥 쓰는 방법에 대한 설명이다. 밑밥을 진흙에 개어 넣는 방법과 그물주머니를 쓰는 두 가지를 설명하고 있다. 나중 방법은 견지낚시에서 설망을 쓰는 방법과 거의 같다. 오늘날에는 견지낚시의 밑밥은 깻묵을 쓰고 있지만, 예전 대동강계에서는 비지나, 술지게미를 사용했다고 한다.

이상과 같이 1700년대에도 오늘날 하고 있는 견지낚시의 종류인 여울견지, 배견지, 얼음낚시가 존재하고 있었으며, 낚싯배와 설망과 같은 방법도 이루어지고 있었던 것이다. 200년 이전에 이렇게 완전한 견지낚시의 기술체계가 존재하고 있었다는 사실은 견지낚시의 연원이 매우 오래되었다는 것을 반증하고 있는 것이다.

6. 빙강타어기
氷江打魚記

추운 겨울 얼음에 구멍을 뚫어 놓고 잉어를 잡는 모습은 한겨울의 로망이었다. 이 낚시 역시 오래전부터 해 온 낚시임에도 불구하고, 그 상세한 내용이 수록된 기록은 만나기 어려웠다. 다행이 홍낙수(洪樂洙)의 『두계집(杜溪集)』에 겨울 잉어낚시 모습이 기록되어 있어, 이를 새겨 본다.

<氷江打魚記, 얼음언 강의 고기잡이>

얼음 언 강에서 물고기 잡는 방법은 참으로 묘하다. 먼저 얼음에 구멍 수십 개를 뚫고, 그러고 나서 굵은 몽둥이도 얼음판을 두드려서 소리를 내어 물고기를 쫓아 서로 모이게 한다. 그런 뒤에 구멍을 따라 그물을 내리고, 장대로 그물 벼리를 이웃 구멍의 그물로 차래로 이어서 강을 막아 그물을 친다. 둥그렇게 물 가운데 둘레에 장막을 치고 나서는, 그 둥그런 에움 안의 얼음판에 여러 개의 구멍을 뚫는다.

구멍 앞에 각기 깔개와 평상을 놓고, 구멍 안의 물을 몸을 굽혀 보면, 물이 맑아 자갈까지 셀 수 있다. 그리고는 일제히 낚싯대(釣

鉤竿)을 내리는데, 1장(1.8m) 가까이 되고 그 머리에 작은 고리처럼 된 것으로 줄을 끌어 바른 곳으로 낚싯대를 유도해서 멀리서 잡기에 편하도록 하니 물고기가 바로 곁을 지나가면 놓치는 것이 없다. 바로 다음날 아침 잉어를 5, 60 마리 잡았는데, 그 크기가 한 자가 넘었다.

날이 제법 따듯하고 바람도 심히 불지 않아, 신 바닥에 쌓였던 눈이 평평하게 밟히고, 옥같이 밝고 맑은 강에는 고기 잡는 사람이 백 명도 넘고, 구경꾼은 그 배가 되었다. 그 잠기어 떼 지은 물고기를 맞추려고 눈이 뚫어지고 보고 있고, 꾸러미를 멘 자의 어깨에는 물고기가 있었다. 움켜잡고 끌어내는 자는 물고기가 도망갈까 두려워 손에 잡고 있다. 손에 돈을 든 자와 값이 싸고 비쌈을 타투며, 물고기를 흠잡고 칭찬하기도 한다.

천천히 걸어서 그 주위를 즐기며 둘러보니, 이해가 없는 자들은 그 관심 두는 것이 물고기 구경이더라. 그들 수백 명은 각기 그가 바라는 바가 있으니, 혹간은 직업으로, 혹간은 심심풀이로, 혹간은 돈을 벌기 위해서이다. 무릇 물고기는 한도가 있고 사람이 잡는 것은 많으니, 어찌 물에 고기 씨가 마르지 않겠는가? 탄식하노니, 천지가 낳게 했으면 자라게 해야 할 것이다. 하물며, 옛 사람들은 방생하는 마음을 가져서 '예기월령(禮記月令)[6]'에서 말하기를, 짐승 새끼와 새의 알이 금수에 은혜를 미친다고 하였다. 이

---

6 月令은 일 년간에 행해지는 정례의 정사(政事), 의식(儀式), 농가(農家) 행사 등을 다달이 기록한 표이며, 이 글에서는 禮記의 月令을 말한다.

제 봄이 이미 시작되어 숨었던 것들이 움직이는데, 다 잡아버려야 만 비로소 그치니, 이에 다시 탄식하노라.

비록 강은 맑고 빼어난 경치이어서 마치 그림 같으나, 한스럽게 무능한 자이라, 내가 놀러 다닌 것을 남기기 위해 이 글을 적어 놓노라. 신축년 봄에 씀.

< 원문> 氷江打魚技之巧也. 先鑿氷數十穴, 乃以大梃撞氷, 作聲毆魚相聚. 然後從穴以下罟, 以竹簽繫其維鱗次傳傍穴, 截流以網之. 環水中央若圍幬於是, 又從圍內多鑿穴. 穴旁各藉簀, 俯視波中, 水淸淺沙石可數. 因一齊放釣鉤竿, 丈許倕其頭如玦, 以掣綸端所, 以導釣以便於遠取耳, 魚雖從旁過者鮮有失焉. 纔崇朝得鯉五六十頭, 長皆尺㨾大. 日頗暄風力不勁. 鞋底積雪平鋪. 澄明若玉沿江之, 漁者可百累而觀者倍之. 盖其潛俟者目魚於也. 斜苞者肩其魚也. 抔而曳出者畏其逸而手魚也. 握錢論低昂者, 訾譽魚也. 若緩步耽看取邊, 而無關得失者, 其趣在觀魚也. 彼數百人者各以其所欲取之, 或由於業, 或出於無聊, 或賴以爲射利. 夫魚有限而人取之多, 方幾何而澤不之渴也哉. 噫天地以生生爲化, 古人以放生爲心, 月令云毋麛毋卵謂其惠及禽獸也. 况今春已發矣, 乃啓其蟄而發其藏, 欲盡取而後已, 可勝歎哉. 至若江天淸絶之景狀合置畵圖, 恨無能之者, 爲我作臥遊之資耳. 辛丑元春記.

옛 얼음낚시를 묘사한 드문 글이다. '타어기'는 직역하면 '고기잡이'이나 주로 그물을 가지고 고기를 잡는 것을 말한다. 오늘날의 '천렵'이라 볼 수 있지만, 이 글의 내용으로 보아 얼음낚시로 보인다. 근년까지 한강 수계에서 했던 얼음 구멍을 뚫고 잉어를

낚는 모습이고, 글에서 낚싯대를 조구간(釣鉤竿)이라 함은 삼봉견지를 말하는 것으로 보인다. 얼음 삼봉견지는 일반적으로 깊고 넓은 강에서 겨울에 했고, 또 얼음구멍에서 똑바로 줄을 내려, 찌를 보거나 줄의 움직임을 보아 챔질을 했다. 그러나 이 글에서는 물이 맑아 바닥이 훤히 볼 수 있다 했고, 긴 작대기로 낚시를 옮겨놓고 있다. 이 도구는 삼봉견지에서 혹간 사용되었던 '육손이'란 도구를 말하는 것 같지만 일반적인 삼봉낚시의 모습은 아니다. 육손이는 얼음 삼봉낚시를 옆으로 옮길 때 사용하던 도구로 대작대기에 U형의 곁가지가 달린 도구로 엄지손가락 옆으로 손가락이 하나 더 기형으로 나온 모양을 닮아 '육손이'라는 이름으로 불렸다. 한손으로 줄을 잡고 물밑에 '육손이'를 넣고 가지에 줄을 걸어 옆으로 살며시 옮긴다.

이 글은 조선 정조 시대에 홍낙수가 쓴 두계집(杜溪集)에 있고, 기록연대는 1781년(辛丑年, 정조 5년)이다. 짧은 글로 2백년 이전 겨울 강에서의 얼음낚시 모습과 낚시터 주변을 간결하게 묘사하고 있다. 또 강계에서의 물고기를 남획하는데 대해 한탄도 나온다. 물고기의 남획은 어제, 오늘의 일이 아닌 것이다. 글을 남긴 홍낙수의 심성이 엿보인다.

〈그림 1〉 은 일제 강점기의 사진엽서로 한강에서 삼봉낚시를 하는 노인의 모습이다. 빙강타어기의 잉어낚시 모습도 이와 같았을 것이다.

<그림 1> 한강의 겨울 잉어낚시

7. 세상에서는 이것을 견지라 한다

옛 시문에서 옛 낚시 모습을 찾은 지 수년, 낚시의 역사와 옛 용어를 찾기 위함이었다. 특히 견지의 어원이 무엇인지 궁금하던 차에 2005년 정말 눈에 번쩍 띄는 시를 만났다. 호음 정사룡의 시이다. 호음의 시는 전문가들에게도 난해하다고 평이 있지만, 나름대로 새겨 본 것을 정리해 본다. 우선 시부터 감상하시라.

<낚시하는 물건, 이것을 견지라 한다>
마음 내키는 대로 흔들리는 쪽배를 타고,
봄 강에 낚시얼레를 담근다.
줄과 바늘 마음과 손에 모으니,
물고기 숨어 도망가기 어려우리.
손가락 움직이면 비록 싫도록 잡히나,
애처로운 마음 들어 느긋이 잡네.
옛날에 낚시꾼 장지화는,
빈 낚시에 고기 잡히면 찬거리 마련했다지.
<釣者, 俗云牽之> 鄭士龍(1491~ 1570, 湖陰雜稿卷之一)
稱意搖孤艇, 春湖浸鴨欄. 緡鉤心手會, 鱗介透潛難.

指動雖當飽, 生哀庶可寬. 向來西塞叟, 虛釣若爲餐.

● 西塞叟: 당 나라 장지화의 고사에서 나온 말로 은거한 낚시꾼을 말함.

시인은 배를 타고 낚시를 하고 있다. 얼레를 움직여 챔질을 하면 고기는 쉽게 잡힌다. 그러나 시인은 고기를 잡으려는 욕심보다 낚시 자체를 즐기고 있다. 그래서 은거하는 낚시꾼으로 소일삼아 배낚시를 하며, 혹간 걸리는 것은 반찬거리나 하련다고 말한다. 아름다운 풍경에서 낚시를 즐기며 마음을 비운 모습이다.

이 시의 제목이 조자(釣者)이다. 시인은 제목 옆에 '속운견지(俗云牽之).'라고 부기하고 있고, 이 시는 견지낚시를 하는 모습을 읊고 있다. 조자(釣者)를 직역하면 '낚시하는 사람'이다. 그런데 한시에서 낚시꾼은 보통 '어옹(漁翁)', '어부(漁父)', '조옹(釣翁)', '조수(釣叟)' 등으로 표현된다. 조자(釣者)는 흔치않은 표현이다.

그러면 시인이 다른 의미로 쓴 것은 아닐까? 자(者)는 '놈 자' 외에 '것 자'라는 의미가 있다. 즉 조자는 낚시하는 물건, 기구이며 '견지'라 불리는 물건이라고 볼 수 있다.

시에서는 낚시하는 모습에 '압란(鴨欄)'이란 기구가 등장한다. 얼핏 보아서는 '압란'의 의미를 잘 알 수 없다. 직역하면 '오리난간'이다. 그러나 압(鴨)은 '오리 혹은 오리 모양을 닮은 물건'을 말한다. 또 오리는 '살'의 의미와도 통한다. 살은 얼레, 부채, 연 따위의 뼈대가 되는 나무나 대로 된 오리의 뜻이기 때문이다. 란(欄)은 일반적으로 난간의 의미이지만, 어원을 살펴보면 란(闌)은 '문에 가로 건너질러 출입을 막는 나무'의 뜻이 있다. 여기에 나무木

을 더하여 '난간', '틀'의 의미가 된 것이다.

시인이 시 제목에서와 같이 우리말에 한자를 차용해 쓴 것이라 보면 압란(鴨欄)의 뜻이 잘 다가온다. 오리는 '나무, 대 따위의 가늘고 긴 조각'이고 이렇게 보면 압란은 '가는 나무(살)로 만든 틀', 즉 얼레를 표현한 것으로 볼 수 있다.

이제 시 내용을 다시 살펴보자.

시에서는 배를 타고 낚시를 하고 있고 장소는 춘호(春湖)이지만, 딱히 호수가 아니라 강을 표현한 것이다. 그 예로 한강의 서호(西湖), 동호(東湖)가 있다. 배에서 쓰고 있는 낚싯대는 시인이 '압란'이라고 표현한 낚시얼레 즉 견지이다. 그리고 대보다는 줄이 강조되고 어신을 직접 느낀다(줄과 바늘이 마음과 손에 모으니). 그리고 대를 배에 걸쳐 놓은 것이 아니라 쉴 새 없이 움직이고(손가락 움직이면 비록 싫도록 잡히나) 있는 것이다.

오늘날의 견지낚시와 무엇이 다른가? 당시에도 오늘날 견지낚시가 갖추어야 할 요소가 완비되어 있었던 것이다. 또 이 시는 견지낚시를 절묘하게 표현하고 있다. 어쨌든 시인이 살았던 1500년대 초에 이런 낚시는 일반화 되어 있던 낚시였던 것으로 보인다.

마지막으로 짚어야 할 점은 시인이 제목에 '견지(牽之)'라고 병기했으면서도 시에서는 견지를 '압란(鴨欄)'이라고 표현한 점이다. 이를 위해서는 '속운견지(俗云牽之)'란 말을 음미할 필요가 있다. 이 말은 '세상에서는 이것을 견지라고 한다.'라고도 새길 수 있지만, 용례 상 '이것을 언문으로는 견지라고 한다.'는 의미가 있다. 시인은 한학자이고 글을 한문으로 쓰고 있다. 따라서 보고, 구전으로 들은 한자 이름이 없는 물건을 한자로 표기하였다는 의미가 있는 것이다.

시인이 '견지(牽之)'라고 기록했지만, '견지'는 한자말이 아닌 우리말인 것이다. 시인이 한자로 牽之(끌 견, 것 지)라고 쓴 것은 탁월한 표현이고, 견지낚시의 조법을 잘 이해한 것으로 보인다.

이 시는 내용도 좋으려니와 조법에 대한 기록으로서도 매우 귀한 자료이다. 우리 낚시 옛글에서 낚시 방법이나, 조구에 관해 언급한 것은 매우 적다. 그리고 이 시는 '견지'라는 말이 나오는 최고(最古)의 기록이며, 현재로서는 유일한 기록이어서 시 내용 못지않게 사료적 가치로도 중요하다. 호음 선생께 고마움을 표한다.

호음의 다른 시('夜坐示心仲', 湖陰雜稿卷之二 洪陽錄)에도 흘림낚시(流釣)를 하는 모습이 나온다. '오호의 안개 낀 물 가을 오면 아득한데, 꿈에서 갈대꽃 사이로 들어가 낚시얼레 흔든다(五湖煙水秋來遠, 夢入蘆花掉釣車.)'는 구절이다. 시에서 조차(釣車)라고 표현한 얼레낚시는 견지낚시인 것이다.

견지의 어원 찾기나 견지낚시에 대한 사료 발굴은 견지를 하는 사람이 계속하여야 할 작업이다. 우선 견지라는 단어의 확인, 그리고 견지낚시 기록연대를 상향시켰다는 만족감에 잠기지 말고 더욱 분발할 노릇이다. 기록은 깨지기 위해 존재한다는 말이 있다. 견지에 관한 옛 기록도 노력하면 더 발굴되고, 그 연대도 더 고대로 소급시킬 수 있을 것이다.

〈그림 2〉는 겸재 정선(謙齋 鄭敾, 1676~1759)이 그린 소요정도

(逍遙亭圖)로 흐르는 물에서 배견지를 하는 모습이 사실적으로 묘사되어 있다. 때는 늦봄이나, 초여름인 듯 버드나무가 파랗고 바람은 없어 버들잎과 가지가 늘어져 있다. 그리고 여울 결이 굽이치고 있다. 이런 강에서 배를 타고 얼레낚시를 하는 모습을 호음 정사룡이 시로 묘사한 것이다.

〈그림 2〉 소요정도, 견본담채(絹本淡彩)로 25*33cm

8. 조설釣說

남구만(南九萬)의 『약천집(藥泉集)』에는 민물 대낚시에 대한 귀한 기록이 있다. 그 원문과 함께 그 새김을 덧붙여 본다.

<釣說>

경술년(1670년)에 나는 고향인 결성[7]으로 낙향하였다. 집 뒤에 못이 있는데 길이와 너비가 수십 무[8]에, 깊이가 6, 7척이 더 되었다. 나는 긴 여름 한가하면 이따금 못의 물위에 입을 내놓고 벌름대며 쉼 쉬는 물고기들을[9] 바라보곤 하였다. 하루는 이웃사람이

---

7 潔城은 충남 홍성군 일부 지역의 옛 이름이다. 결성은 백제 시대에는 結巳縣, 신라 시대에는 潔城으로 불렸고 1895년에 結城郡으로 승격되었으나, 1914년에 洪州郡, 結城郡과 보성군 일부 지역을 합쳐 현재의 洪城郡이 되었다.

8 원문의 武는 반거름 무로 해석되며, 한 거름 1步가 6尺이어 1武는 3尺이다. 그러나 고대의 1尺은 현재와 같은 30.3㎝가 아니라 22㎝ 정도(周尺)였다. 못의 넓이를 가로 세로 오십 무로 유추해 보면 못 면적은 1,089m^2가 되며, 약 300여 평의 작은 못이 된다. 또 1尺을 30.3㎝로 보아도 못 면적은 600평 정도이다.

9 원문의 물고기는 고기 魚 변에 戢 자이다. 두 자를 중복해서 쓴 점으로 미루어 물고기가 물에서 버꿈 대는 모양을 표현한 의태어, 혹은 그 소리를 표현한 의성어일 가능성도 있다. 또한 붕어(鮒魚)의 다른 이름인 즉어(鯽魚)를 이렇게 쓴 것으로도 보인다.

대나무를 베어 낚싯대 한 대를 만들고, 바느질 바늘을 두드려 낚싯바늘을 만들어 내게 주어 잔잔한 물가에서 낚싯줄을 드리우게 해 주었다.

나는 한양(京師)에 있은 지 오래 되어서 낚싯바늘의 길고 짧음, 넓고 좁음, 구부러짐의 정도가 어찌되어야 하는지를 일찍이 알지 못했기 때문에, 이웃사람이 만들어 준 것이 제대로 된 것이라 여기고, 하루 종일 낚싯대를 드리웠으나 한 마리도 잡지 못했다.

다음 날 한 손(客)이 와서 낚싯바늘을 보고 말하였다.

"고기가 안 잡히는 것이 당연합니다. 낚싯바늘의 끝이 안쪽으로 너무 굽어져 있기 때문에 물고기가 그것을 삼키는 것이 비록 쉽지만, 뱉어내는 것도 역시 어렵지 않습니다. 반드시 그 끝을 약간 틀어 밖을 향하게 하면 좋을 것입니다."

나는 그 손에 부탁해서 낚싯바늘을 두드려 끝을 밖을 향하게 해서 다시 드리워 보았으나 하루 종일 한 마리도 잡지 못했다. 다음날 또 다른 손이 와서 낚싯바늘을 보고 말하였다.

"고기를 못 낚는 것이 당연합니다. 바늘의 끝이 바깥을 향해 있고, 구부러진 곳이 너무 넓어서 고기의 입안으로 들어갈 수 없습니다."

나는 손에게 부탁해서 낚싯바늘의 구부러진 부분을 좁혀 다시 물에 드리웠다. 하루가 다 지나서야 겨우 한 마리를 낚았을 뿐이었다. 다음날 두 명의 손이 왔기로 나는 낚싯바늘을 보여주며 그간 사정을 말하였다. 그 중 한 손이 말하였다.

"고기가 적게 잡히는 것이 당연합니다. 바늘을 굽혀 구부림에 그

구부러진 끝[10]을 반드시 짧게 해서 겨우 미끼[11]를 감출 정도로 해야 합니다. 바늘 끝이 너무 길면 고기가 그것을 삼켜도 들어가지 않고, 반드시 토해 낼 것입니다."

나는 그 손을 시켜 바늘 끝을 짧게 하여 한동안 낚시를 드리웠다. 그러나 바늘을 무는 고기는 많으나 낚싯줄(대)을 끌어당기어 채어보면, 늘 낚싯바늘에서 벗어나 떨어지곤 하였다. 옆의 다른 손이 나서서 말하였다.

"저 손의 말이 비록 바늘에서는 얻음이 있습니다만, 챔질에 있어서는 부족한 곳이 있습니다. 낚싯줄에 찌[12]를 다는 것은 뜨고 가라앉음을 정해 삼키고 뱉는 것을 알기 위함입니다. 무릇 찌가 움직이며 채 가라앉지 않으면 고기가 바늘을 다 삼키지 못한 것이니 서둘러 빨리 낚싯대를 채더라도 제 때에 맞추지 못하게 되는 것입니다. 찌가 가라앉은 지 한참 놓아두면 삼켰다가 다시 토한 것이니 뒤늦게 그것을 챈즉 이미 물고기는 지나간 것입니다. 때문에 반드시 찌가 가라앉을 듯하면서도 채 가라앉지 않은 때에 채

---

10 원문은 曲尖이다. 단순히 낚싯바늘의 휜 날카로운 끝 부분을 이야기하는지, 미늘을 이야기하는지는 불분명하다.

11 擘粒은 식물성 미끼를 말하는 것 같다. 擘은 엄지손가락 벽, 쪼갤 벽자이다. 粒은 낟알, 쌀밥이라는 의미와 동그랗게 丸을 만들었다는 의미가 있다. 따라서 擘을 엄지손가락의 의미로 보면 밥알을 손가락으로 동그랗게 환을 친 것을 말할 가능성도 있다. 擘자는 널리 쓰이지는 않으나 '실을 바늘에 꿰다'라는 뜻이 있다. 그러면 擘粒은 '밥알미끼를 바늘에 꿴다', 혹은 '낚시바늘에 꿴 밥알'이라고 해석할 수 있다.

12 원문은 繫秸이다. 繫(계)는 매어 단다는 것이고, 秸(개)는 겨릅대, 즉 껍질 벗긴 삼대이다.

면 좋을 것입니다.

그리고 채는 것이 손을 들어 바로 위쪽으로 걷어 올리면 고기의 입이 열려 벌어지고 바늘 끝이 걸리지 않습니다. 고기가 바늘을 좇아 입을 벌려 물면 서리 맞은 나뭇잎이 떨어지듯 가볍게 손을 비스듬히 갖다 대고, 마치 물 뿌리고 빗자루질 하듯이 자연스럽게 낚싯대를 챕니다.[13] 그러면 고기는 바야흐로 바늘을 목구멍에 삼켰으니, 이에 바늘의 날카로운 부분이 주둥이에 빨려 들어가 좌우로 부딪고 닿아서 반드시 걸리게 되어 재빨리 잡아 올릴[14] 수 있습니다. 이것이 고기를 떨어트리지 않고, 반드시 잡아들일 수 있는 까닭입니다."

나는 그 방법을 사용해서 낚시를 드리우니 해가 자리를 옮기는 잠깐 동안에 서너 마리를 잡게 되었다. 그 손이 말하였다.

"방법은 말씀드린 바가 전부입니다만, 묘가 아직 아니 되었습니다."

하고는 내 낚싯대를 가지고 스스로 낚시를 드리웠다.

낚싯줄도 내 것이고, 바늘도 내 것이고, 미끼도 내 미끼며, 앉은 자리도 내 자리였다. 오로지 바뀐 것은 낚싯대를 잡은 손뿐이다. 고기가 이에 낚싯바늘을 맞아 올라오는데 머리를 나란히 하고 앞

---

13 챔질을 하는 힘과 방향을 말하고 있다. 낚싯대를 가볍게 잡고, 살짝 45도 각도로 자연스럽게 채야 한다는 점을 강조하고 있다.

14 원문에는 撊擸으로 되어 있다. 撊자는 빠르다는 의미이다. 擸(꺽을 납)은 잡다(執, 持)와 같은 의미도 있다. 따라서 빠르게 잡아 올린다 혹은 나꿔챈다는 뜻으로 보인다.

을 다툰다. 고기를 채어 올리는 것이 마치 광주리에서 주워 내는 것 같고, 소반에 올려놓은 것을 세는 것 같아 손길이 쉬지 않는다.

내가 말하였다.

"묘함이 어찌하면 예까지 이릅니까? 그것도 내게 가르쳐줄 수 있습니까?"

하자, 객은 말하였다.

"방법은 가르칠 수 있는 것이지만, 묘야 어찌 가르칠 수 있겠습니까? 만약 가르칠 수 있다면 역시 묘라 말할 수 없는 것입니다. 내키지는 않지만 한마디는 하겠습니다. 그대는 내 방법에 따라 아침에도 담그고 저녁에도 드리워서, 온 정성을 다하고 뜻을 모아 매일매일 익히십시오. 익숙해지면 손과 마음에 따라 저절로 움직일 수 있게 될 것입니다. 무릇 이와 같이 한즉 얻을 수 있을 것이고, 행여 얻지 못해도 조금이나마 경지에 이를 수 있을 것입니다. 만약 하나를 깨달으니 두 셋을 어렴풋이 알게 되거나, 하나를 모르는 것으로 오히려 스스로 미혹함을 갖거나, 혹은 홀연히 깨달으면서도 그 깨닫는 이유를 알지 못한다면, 그런 것들은 모두 그대에게 달려 있습니다. 내가 어찌 하겠습니까? 내가 그대에게 말할 수 있는 것은 단지 여기서 그칠 뿐입니다."

나는 그때 깨달음이 있어 낚싯대를 던지고

"옳도다."

탄식하였다.

무릇 손의 말을 도리로 미루어 본다면 어찌 낚시질에 있어서 뿐이겠는가? 옛 분들이 말하길 작은 것으로 큰 것을 깨우칠 수 있다 했으니 어찌 이와 같은 것이 아니겠는가? 손은 이미 떠났으나, 그 말을 자세히 기록하여 스스로 깨달음으로 삼고자 한다.

<원문> 釣說 歲庚戌余歸田潔城. 家後有池, 縱廣數十武, 而深淺六七尺以下. 余長夏無事, 輒往見噞喁之鱵鱍. 一日隣人斫竹一竿, 敲鍼爲釣以贈余, 使垂綸於漣漪間. 余在京師久, 未嘗知釣鉤長短闊狹彎曲之度如何, 以隣人之贈爲善也, 垂之竟日, 不得一鱗焉. 明日有一客來見鉤曰, 是宜不得魚也. 鉤之末太曲而向內, 魚呑之雖易, 吐之亦不難. 必使其末少偃而向外乃可. 余使客敲而向外, 又垂之竟日, 不得一鱗焉. 明日又一客來見鉤曰, 是宜不得魚也. 鉤之末旣向外而曲之圈且太闊, 不可以入魚之口矣. 余使客敲而窄其圈, 又垂之竟日, 纔得一鱗焉. 明日又二客來, 余示以鉤, 且語之故. 其一客曰是宜得魚少也, 鉤之抑而曲之也. 必短其曲尖, 使僅可以擘粒. 此則曲尖太長, 魚呑之不沒, 必且吐矣. 余使客敲而短其尖, 垂之良久. 呑鉤者屢矣, 然引綸而抽之, 或脫而落焉. 旁一客曰彼客之言, 於鉤也得矣, 於抽也遺矣. 夫綸之有繫藷也, 所以定浮沈而知呑吐, 凡動而未沈也. 呑或未盡, 而遽抽之則爲未及. 沈而少縱也, 呑且復吐, 而徐抽之則爲已過. 是以必於其欲沈未沈之間, 而抽之可也. 且其抽之也, 抗其手而直上之, 則魚之口方開, 而鉤之末未有所揞. 魚順鉤而張齶, 如霜葉之脫條, 是以必側其手勢, 若汎彗然而抽之. 然則魚方呑鉤於喉中. 而鉤乃轉尖於呷裏, 左激右觸, 必有所捫攬而爬牽焉. 此所以必得無失也. 余又用其法, 垂之移晷, 得三四鱗焉. 客曰, 法則盡於是矣, 妙猶未也. 取余竿而自垂之. 綸余綸也鉤余鉤也餌余餌也. 坐之處又余處也. 所易者特持竿之手耳. 魚乃迎鉤而上, 騈首而爭先, 其抽而取之也. 若探之於筐而數之於盤, 無留手焉. 余曰妙蓋至此乎. 此又可以敎余乎. 客曰可敎

者法也. 妙豈可敎也, 若可敎也, 又非所謂妙也. 無已則有一說, 子守吾之法, 朝而垂之, 暮而垂之, 專精積意, 日累月久而習習而成. 手且適其適, 心且解其解. 夫如是則或可以得之. 與, 其未得之與, 或可以達其微而盡其極與. 悟其一而昧其二三與, 其或一未有所知而反有以自惑與. 其或恍然自覺而不自知其所以覺者與. 此則在子吾何與焉. 吾所以告子者止於此矣. 余於是投竿而歎曰善夫. 客之言也, 推此道也, 奚特用於釣而已哉. 古人云小可以喩大, 豈若此類者非耶. 客旣去, 識其說以自省焉. 藥泉集第二十八, 雜著.

조설의 필자 남구만(南九滿, 1629~1711)은 시조 '동창이 밝았느냐, 노고지리 우지진다. 소치는 아이는 상기 아니 일었느냐. 재 너머 사래 긴 밭을 언제 갈려 하느냐.'로도 잘 알려져 있는 분이다.

약천집의 '조설(釣說)'은 낚시 이론서에 가까운 글로서 낚싯바늘, 찌, 미끼 등 낚시기법에 관한 이야기를 수필 형식으로 소개하고 있다. 이 글에 나온 낚시 도구와 기법을 살펴보면 다음과 같다.

조설에는 낚시를 드린다는 의미를 '垂綸'이라고 표현하고 있다. 낚싯줄 혹은 실을 나타내는 한자로는 絲, 糸, 綸 자가 있다. 絲(실 사)자와 糸(실 멱)자는 명주실을 의미하며, '綸'자는 낚싯줄 륜, 굵은실 륜, 솜 륜(綿: 무명실)이라는 의미이다. 조설의 '綸'이 낚싯줄이라는 일반적 의미로 쓴 것일 수도 있지만, 문자만으로는 굵은 무명실로 해석된다. 조설의 주인공이 이웃이 만들어 준 낚싯대로 처음 낚시를 하는 초보 낚시꾼이라는 점에서 무명실의 가능성이 더 높을 것이라는 생각도 든다.

조설에서 낚시를 하는 것을 '낚싯대를 드리운다'가 아니라, '낚싯줄을 드리운다(垂綸)'고 표현하고 있다. 초보 낚시꾼이 한문으로 표현하기 위한 방편인지, 아니면 당시 낚시에서 대가 큰 의미가 없이 줄 중심이어 쓴 것인지 궁금하다. 요즘 낚싯대는 낚싯바늘과 줄을 멀리 보내기 위한 기능뿐만이 아니라, 챔질을 한 후 대의 탄력을 통해 물고기의 저항을 줄여 효과적으로 잡아들이는 기능을 한다. 따라서 현대 낚시에서 줄보다 낚싯대의 비중이 크며, 더 중요하다. 이러한 의미에서 조설의 낚싯대는 그다지 정교하지 못하고, 짧은 대가 아니었는가, 유추해 본다.

조설에는 미끼(餌)라는 단어와 벽립(擘粒, 엄지손가락 벽, 쌀알 립)이라는 단어가 나온다. '벽립'도 미끼이다. 벽(擘)자를 쓴 의미는 알기 어렵지만, 립(粒)은 낟알, 쌀알, 쌀밥이라는 의미와 동그랗게 환(丸)을 만들었다는 의미가 있다. 따라서 벽(擘)의 엄지손가락이라는 의미와 합하면 밥알을 손가락으로 동그랗게 알을 만드는 것을 말할 가능성도 있다.

또 벽(擘)자는 널리 쓰이지는 않으나 '실을 바늘에 꿰다'라는 뜻이 있다. 그러면 擘粒은' 밥알을 낚싯바늘에 꿴다.' 혹은 '바늘에 꿴 미끼' 라고 해석할 수 있다. 보리밥알이라면 한 알씩 바늘에 꿸 수 있으나, 쌀밥이라면 한 알씩 바늘에 꿰기가 좀 어렵다. 쌀밥을 미끼로 쓰려면 몇 알을 손가락으로 뭉쳐야 크기도 적당하고 손쉬웠을 것이다. 조설의 미끼가 쌀밥알인지 혹은 보리밥알인지, 아니면 동그랗게 환을 친 반죽미끼인지 궁금할 따름이다. 어찌 되었든 식물성 미끼라는 것은 분명하다.

조설 초반에 낚싯바늘의 모양과 기능에 대한 기록이 나온다. 손들은 낚싯바늘에 대해 조언을 하고, 조설의 주인공은 낚싯바늘을 계속 보완해 간다.

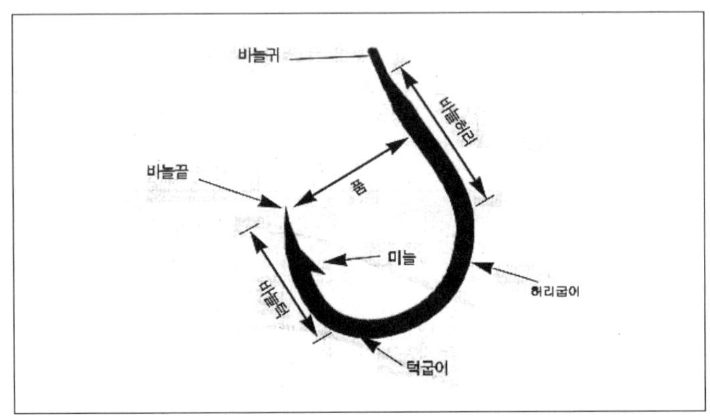

〈그림 3〉 낚싯바늘의 구조와 부위별 이름

오늘날의 낚싯바늘 〈그림 3〉에 맞추어 그 부위별 변화를 살펴보자. 첫 번째 사람은 '바늘턱'이 너무 '바늘허리' 쪽을 향해 너무 옥아있어 물고기가 뱉어낼 때 걸리지 않기 쉬움을 지적하고 있다. 두 번째 사람은 낚싯바늘의 '품'이 지나치게 넓어 물고기가 쉽게 입안으로 삼키지 못함을 지적하고 있다. 세 번째 사람은 '바늘턱'이 지나치게 길음을 지적하며, 겨우 미끼를 감출 정도로 짧게 해야 한다고 권하고 있다.

오늘날에는 고기 종류마다 적합한 바늘이 크기별로 개발되어 있다. 조설을 쓴 당시에도 저수지 낚시에서 낚시꾼 마다 자기 나름의 낚싯바늘 모양이 있었음을 보여 준다. 그리고 바늘의 휜 각도와 턱의 길이까지 고찰되어 있음은 당시에 이미 바늘이 낚시로 고기 잡는 데 기능하는 제 요건에 대해 이해가 깊었던 것으로 보인다.

조설에는 찌가 '계개(繫藍)' 이라고 표현되어 있다. 繫(계)는 매어 단다는 뜻이고, 藍(겨릅대 개)는 껍질을 벗긴 삼대를 말하고 있어, 삼대를 비롯한 볏짚 등 부력이 있는 식물 부위를 찌로 사용한 것을 나타내고 있다. 경상남도 진주 지역에서는 이런 찌를 '제릅찌'라고 하였다. '제릅대' 혹은 '제립대'는 삼대(겨릅대)의 이 지역 사투리다. 이 찌를 한참 쓰면 물이 스며들어 부력이 작아져 갈아주어야 했다. 찌는 본 줄에 실로 매달지 않고, 찌를 갈라 줄에 끼워 썼고, 삼대는 갈라 끼우기가 어려워 수수깡 찌가 선호되었다. 게다가 조설에는 찌의 움직임을 통해 챔질을 하는 정확한 시점에 대해 논의가 있을 정도로 찌에 대한 이해가 깊어, 찌낚시가 당시에 일반화되어 있는 낚시기법임을 나타내고 있다.

그러나 조설의 찌 용법은 현재와는 차이가 있다. 원문에 찌 보기를 '반드시 찌가 가라앉을 듯하면서도, 채 가라앉지 않은 때에 채면 좋을 것'으로 기록되어 있다. 고기가 입질을 해 찌가 깜박 물속으로 끌려 들어가는 바로 그 시점에서 대를 채는 것이다. 조설의 찌는 현재와 같이 부력이 크고, 긴 찌를 물 표면에 세우고 물고기가 찌를 밀어 올리기를 기다리기보다, 작은 찌를 물에 띄우고 입질이 와 찌가 깜박거리는 사이에 채는 것으로 되어 있다. 이는 당시의 찌가 부력이 작고 간단한 보람표 역할을 하는 때문으로 보인다. 오늘날보다 더 챔질 시점 잡기가 더 어렵고, 더 바쁜 낚시를 하였던 것으로도 볼 수 있다.

조설에는 여러 명의 손이 필자에게 낚시의 기법에 대해 조언하고 있다. 그러나 가장 의미심장한 것은 마지막 손의 말이다. 손들은 바늘의 모양과 미끼 쓰는 방법, 찌의 효용과 챔질의 타이밍, 낚싯대를 채는 힘과 각도까지 가르쳐 준다. 각기 자기의 경험에서 우러난 조언일 것이다. 게다가 마지막 손은

"방법은 가르칠 수 있는 것이지만, 묘야 어찌 가르칠 수 있겠습니까? 만약 가르칠 수 있다면 또한 묘라 말할 수 없는 것입니다."

하며, 낚시의 묘체가 '단순한 낚시방법의 인지에 있는 것이 아니라 체득에 있음'을 말하고 있다. 오늘날에도 낚시하는 방법은 누구나 쉽게 접근할 수 있다. 그러나 제대로 낚시를 하기 위해서는 오랜 경험과 기법을 넘어선 '감'을 가져야 한다.

약천 선생은 낚시에서 배운 바를 더 큰 것에 대한 깨달음으로 받아들이고, 조설을 기록하여 자기 성찰의 글로 삼고자 한다고 하였다. 후에 영의정이 된(1687년) 선생이 촌로 입장에서 객들의 의견을 진지하게 받아들이듯, 재상으로서 국가 경영에도 그 모습이 반영되었을 것이다. 영의정이라는 고위직 관리였고, 대유학자인 선생이 일개 낚시꾼 입장에서 아집 없이 다른 사람의 낚시기법을 받아들이는 것을 보면 선생의 낚시는 더욱 발전해 달인(達人)의 경지에 달했을 것으로 생각된다.

책을 마치면서

낚시를 시작한지 50여년, 낚시인생 전반부에는 붕어낚시를 즐겼고 후반부에는 견지낚시와 더불어 살아가고 있다. 참 오랜 세월 낚시를 해 왔다. 내 인생의 어조(漁釣) 반세기를 돌아보니 내 낚시도 여러 점에서 변해가고 있다.

무엇이 어떻게, 왜 그리 변했나, 그 변화된 부분을 살펴본다.

우선 낚시를 떠나는 횟수가 줄었다. 한때는 낚시를 못가면 몸이 군실거렸고, 낚시 없이는 못 살 것 같았다. 기회만 있으면 낚시를 즐겼다. 지방 출장에는 낚싯대를 지니고 다녔고, 여관 대신 낚시터 좌대에서 숙박하기도 했다. 낮에는 출장일을 보았지만, 저녁에는 밤낚시를 즐겼다. 그러다가 간첩 신고를 받기도 했다.

2002년 공직을 은퇴해서 낚시를 할 시간적 여유가 충분해지자 열을 내어 낚시를 다니기도 했다. 가장 많이 낚시를 다닌 해에는 1년에 70회 이상 낚시하러 나서기도 했다. 그러던 것이 요즘 들어 해마다 낚시하는 횟수가 줄어들고 있다. 이제는 낚시를 가면 좋고, 못 가게 되어도 괜찮다. 낚시에 대한 집착이 줄어 든 것일까?

낚시를 가던 장소도 바뀌었다. 본래 낚시터 여러 곳을 두루 찾아 즐기기보다는 한 곳을 자주 찾는 스타일이었다. 하지만 먼 곳이라도 낚시가 잘 된다면 원행을 무릅쓰며 찾아가고는 했다. 붕어낚시를 위해 너덧 시간이 걸리는 곳으로 장거리 출조를 감행하기도 했다. 견지낚시를 하기 위해서 남녘 섬진강이나 밀양강까지 달려가기도 했다. 그러던 것이 요즘에는 원거리 조행이 부담으로 다가온다. 육체적으로도 힘든 일이지만 마음도 내키지 않게 되었다.

붕어낚시를 그리 자주 다니던 예당저수지도 낚시하러 나설 엄두가 나질 않는다. 견지낚시를 위해 자주 찾던 단양 여울도 선듯 떠나기에 심리적으로 부담을 준다. 요즘은 오가는 시간이 2시간 이내가 되는 가까운 여울이나 저수지만을 찾고 있다. 머나먼 섬진강, 밀양강에 있는 견지꾼들이 가끔 소식을 전하면서 한번 찾아 달란다. 반가운 목소리에 그리운 얼굴들이다. 허나, “언제 한번 얼굴 좀 봅시다.” 대답하면서도 막상 그 먼 거리를 떠날 엄두가 나질 않는다. 이제는 먼 길 오가기가 너무 힘들어서 가기 어렵다는 말을 솔직히 말하지 못하는 심정이 답답하기만 하다.

낚시를 가서 낚시에 몰입하는 시간도 변했다. 전엔 꼭두새벽부터 서둘러 물가에 가서 낚시를 끝내고 돌아 올 시간까지 흘러가는 시간이 아까워 일심정력으로 물고기 꽁무니만 쫓았다. 붕어낚시를 가서 밤을 홀딱 새는 것도 예사요, 견지낚시를 가서는 일단 여울에 들어서면 잠시 여울을 벗어나는 시간도 아까웠다. 점심 찾아 먹는 것도 번거로워 진종일 굶어가며 낚시를 하기도 했다. 그러던 것이 이제는 낚시가 잘 되던 아니던 느지감치 가서 일찍 돌아오고, 먹을 것은 꼭 챙기는 패턴으로 조행이 정착되고 있다. 진종일 그리고, 밤새워 낚시를 하기에는 체력이 뒷받침해주지 못하게 된 것이다. 그렇다고 낚시에 대한 흥미가 적어진 것은 아니다. 아직도 낚시터에 가면 마음이 푸근해지고 즐겁기만 하다. 다만 물고기에 대한 집착이 옅어진 것도 사실이요, 물고기를 낚는 것보다 낚시를 떠나는 출조 자체에 비중을 두게 마음이 변한 것이다.

요즘엔 수십 년 즐긴 익숙한 낚시인데도 자잘한 도구 다루는 방법을 잊어버릴 때도 있다. 예로 낚싯바늘 묶는 방법이 생각나지 않을 때가 있다. 시선을 주지 않고 감으로도 묶던 견지낚시의 통줄묶음이 별안간 생각나지 않기도 한다. 여울에서 통줄매기에 여러 번 실패하는 것을 보고 안타까웠던지 곁에 있던 견지낚시꾼이 나서 대신 묶어주기도 했다. 고맙기는 했지만 마음은 좀 그렇다. 붕어 두 바늘 채비를 묶으려니 그 방법이 잘 생각나지 않는다. 바늘을 이리저리 대어보고서야 제대로 묶을 수가 있었다. 또 오랜만에 밤낚시를 가서 가스랜턴을 키려는데 잘 되지 않는다. 이리저리 궁리 끝에 불을 켜기는 했다. 그런데 유리등피를 끼지 않고 불을 키고 있다가 등피를 떨어트려 깨트려버렸다. 다행히 밤바람이 거의 없어 등피 없는 랜턴으로 한 밤을 밝히고 낚시를 할 수 있었다. 워낙 오래전에 구한 랜턴이라 맞는 등피를 구하기 쉽지 않을 것 같다. 새로 랜턴을 장만해야 할 모양이다.

낚싯대에 대한 집착도 덜해졌다. 붕어낚시를 다닐 때 무리하면서 구해 둔 20여대의 주작(朱作) 낚싯대도 창고에서 먼지만 쓰고 있다. 신제품이라면 어떻게 해서라도 구해 쓰던 첨단 소재의 낚싯대가 늘어나서 이제는 외려 부담이 되고 있다. 견지낚시를 배우고 나서는 견짓대 수집에 열중하기도 했다. 특이한 소재라면, 그리고 명장이 만든 특색 있는 견지라면 어떻게 해서라도 수중에 넣어야 마음이 시원했다. 이제는 견지를 넘칠 만큼 가지고 있지만 언제 저것들을 써보나, 좀은 한심한 마음이 들 때가 있다. 귀한 견지를 구하고서 애지중지 만져보기만 했지 여울에서 써 볼 마음도 감히 못 먹었던 것이다. 요즘에는 묵혀 두었던 견지에 줄을 매고 여울에 서 볼 마음이 내킨다. 너무 아끼기만 하는 것이 견짓대에 대한 도리가 아닌 것 같아서이다. 이제는 새로운 견짓대에 대해서도 좀 무감각해졌다. 좋은 대를 보면 흥미는 생기지만, 수중에 넣을 생각까지는 없다.

낚시를 같이 가는 사람도 바뀌었다. 젊은 시절에는 여럿이 낚시를 가는 떠들썩한 분위기에 휩싸여 즐기기도 했지만 이제는 혼자 다니는 낚시에 더 익숙해졌다. 좋은 낚시 동반이 있다면 낚시를 하는 짬에 이런저런 대화도 즐겁다. 그런데 좋은 낚시 친구(釣友)를 만나는 것은 그 어렵기가 좋은 배우자를 구하기에 비교된다고 한다. 이러저런 사정으로 조우들이 낚시를 그만 두고 이제는 나 홀로 낚시를 하고 있다. 최근까지 집사람이 같이 낚시를 다녀 좋은 낚시 동반이 되어주었다. 그런데 올 들어 집사람도 낚시에 대한 흥미가 덜해졌는지 잘 따라 나서지 않는다. 이러다 보니 홀로 가는 낚시로 일관하게 되고 '독조한강(獨釣寒江)'의 상황을 즐기고 있다. 낚시란 여럿이 가서도 홀로 즐기는 것이라 한다. 어찌 낚시란 것만이 그런 것이랴. 어차피 인생은 홀로 가는 것이 아닌가?

좋아하는 낚시 종목도 변화가 생기고 있다. 어릴 적부터 붕어낚시를 즐기던 것이 장년이 되어서는 견지낚시로 주 종목이 바뀌었다. 1980년경 견지낚시에 빠진 후 붕어 대낚시는 한때는 잊어버린 낚시였다. 그런데 30여년이 지난 지금 다시 붕어낚시에 대한 기억이 새로워지고 미련이 새록새록 되살아나고 있다.

한 일본인 낚시꾼이 “낚시는 붕어낚시로 시작해서 붕어낚시로 끝난다.”고 설파한 글을 본 적이 있다. 붕어낚시에 대한 장점을 강조한 말이다. 요즘 내가 붕어낚시에 대한 마음이 새로워지고 새삼스럽게 호숫가가 그리운 까닭은 무엇일까? 이제 나도 붕어낚시로 되돌아가는 것인가? 견지낚시가 싫증이 난 것도, 싫어진 것도 아니다. 다만 어릴 적부터 해 온 붕어낚시에 대한 향수가 되살아난 것이다.

요즘은 1년에 몇 차례라도 호수에 가서 낚싯대를 드리워 놓고 석양을 바라보며, 밤이 오기를 기다리고 있다. 낙엽귀근(落葉歸根)이요, 수구초심(首丘初心)이란 말도 있지 않은가.

이제 글을 마치면서 젊었을 때부터 애송해 온 영국 시인의 시 구절을 빌어 내 심경을 반추해 본다.

<W.S. 랜더의 시 ‘칠십오 회 생일에'를 고쳐 쓰다>
나는 아무와도 다투지 않았노라, 아무도 다툴 가치가 없었기에.
나는 자연을 사랑했고, 자연 다음으로는 낚시를.
나 인생의 불 앞에 두 손을 쪼이다,
이제 그 불이 꺼지려니 떠날 준비를 하노라.

I strove with none, for none was worth my strife.
Nature I loved and, next to Nature, Angling;
I warm'd both my hands before the fire of life;
It sinks, and I am ready to depart.

랜더(Walter Savage Landor, 1865~1924)의 원시 제목은 '75세 생일에(On His Seventy-fifth Birthday)'이고, 둘째 줄이 'Nature I loved and, next to Nature, Art;'이다. 예술이란 단어 자리에 낚시를 바꾸어 놓아 저물어가는 황혼에 선 내 심정을 피력해 보려 한 것이다.

2012년 10월 19일, 음성 모란지

수변水邊 의 단상斷想

2013년 6월 1일 1판 1쇄

지은이 이하상李夏祥

편집 최영수 김민철
인쇄 동양문화인쇄포럼

펴낸이 김수경
펴낸곳 도서출판 목근통
등록번호 제 6-0609
등록일자 2002년 6월 25일
주소 서울시 동대문구 답십리동 961-2 송화B/D 603호
전화 02)2242-7120, 02)2242-2248
팩스 02)2213-2247
전자우편 dongyt@chol.com

저작권자와 맺은 협약에 따라 인지를 생략합니다.

값은 뒤 표지에 적혀 있습니다.
잘못 만든 책은 서점에서 바꾸어 드립니다.

ISBN 978-89-958363-4-7 03810